인생주식 10가지 황금법칙

Only the Best Will Do by Peter Seilern
copyright ⓒ Peter Seilern
Originally published in the UK by Harriman House Ltd in 2019, www.harriman-house.com
Korean Translation copyright ⓒ 2020 by BOOKON(KIERI)
This translation published under license with original publisher Harriman House Ltd through Amo Agency, Seoul, Koera

이 책의 한국어판 저작권은 AMO에이전시를 통해 저작권사와 독점 계약한 부크온에 있습니다.
저작권법에 의해 한국 내에서 보호를 받는 저작물이므로 무단 전재와 무단 복제를 금합니다.

인생주식 10가지 황금법칙

1쇄 2020년 7월 30일
2쇄 2020년 11월 1일

지은이 피터 세일런
옮긴이 김상우

펴낸곳 (주)한국투자교육연구소 부크온
펴낸이 김재영
편집 이승호
교열 위아람
디자인 강민혜, 권효정
주소 서울시 영등포구 문래동 6가 19 SK V1센터 1001호
전화 02-723-9004   **팩스** 02-723-9084
홈페이지 www.bookon.co.kr
블로그 blog.naver.com/bookonblog
이메일 book@itooza.com
출판신고 제322-2008-000076호(2007년 10월 17일 신고)

ISBN 978-89-94491-91-2 13320

◆ 부크온은 (주)한국투자교육연구소의 출판 브랜드입니다.
◆ 파손된 책은 구입하신 곳에서 교환해 드리며, 책값은 뒤표지에 있습니다.
◆ 무단전재나 무단복제를 금합니다.

이 도서의 국립중앙도서관 출판예정도서목록(CIP)은 서지정보유통지원시스템 홈페이지(http://seoji.nl.go.kr)와 국가자료종합목록 구축시스템(http://kolis-net.nl.go.kr)에서 이용하실 수 있습니다.
(CIP제어번호 : CIP2020027693)

인생주식 10가지 황금법칙

피터 세일런 지음 | 김상우 옮김

iTOOZA 부크온 BookOn

"이 게임에서는 굳은 의지를 가진 거북이가
흥분하는 토끼를 항상 이길 것이다."
(본문 중에서)

이 책을
과거에 함께 했던 그리고 현재 나와 함께 하고 있는
모든 파트너들에게 바칩니다

차례

추천사 ······ 10
서문 ······ 17

제1부
오직 최고의 주식에만 투자하라!

1장   리스크는 낮추고 수익률은 올리는 법   28

중요한 것은 '지속적인 수익' | 리스크의 진정한 의미 | 광범위한 리스크 요인들 | 리스크를 바라보는 시각 | 투자자가 갖춰야 할 마인드

2장   현명한 투자자는 계획이 다 있다   53

시장을 움직이는 3대 요인 | 채권시장과 금리 | 강세장과 약세장 | 정치적, 경제적 영향력 | 장기적 수익을 견인하는 힘

제2부
'인생주식' 어떻게 투자할 것인가?

3장 인생주식을 찾는 10가지 황금법칙   78

'최고의 기업' 찾는 법 | 1. 확장 가능한 사업모델 | 2. 소속 산업의 우수한 성장성 | 3. 지속적인 산업 주도력 | 4. 지속가능한 경쟁우위 | 5. 강력한 유기적 성장 | 6. 사업대상 지역 및 고객의 건전한 분산 | 7. 낮은 자본집약도와 높은 자본수익률 | 8. 튼튼한 재무구조 | 9. 투명한 회계 | 10. 우수한 경영진과 기업지배구조 | 상식에 기반한 퀄리티 성장투자

4장 최고의 포트폴리오 만들기   132

포트폴리오 회전율과 포트폴리오 구축 | 투자하지 않아야 할 사업들 | 주목하는 업종들 | 시장 변동성에 대처하는 법 | 퀄리티 성장투자와 헤징

5장 얼마에 사고 얼마에 팔 것인가?   157

적절한 밸류에이션과 할인율 | 밸류에이션 판단 시 고려해야 할 시장 요인들 | 무위험투자의 기준 | 퀄리티 성장기업 심층분석 예시 | 5대 퀄리티 성장기업의 성공 포인트

제3부
인생주식과 퀄리티 성장투자

6장 퀄리티 성장투자, 어떻게 다른가?   184

배당수익률의 신기루 | 추세와 시장유행 | 적극적인 운용과 소극적인 운용 | 가치, 성장 그리고 퀄리티 성장 | 성장투자와 퀄리티 성장투자 | 전통적인 가치투자와 퀄리티 성장투자 | 평균적인 투자자와 퀄리티 성장투자자

7장 지금 어떻게 투자할 것인가?   211

퀄리티 성장기업들이 이제 그 정점에 도달한 것은 아닌가? | 아무리 최고의 주식이라 해도 너무 비싸서 더 이상 소유할 가치가 없을 때가 올 수 있지 않은가? | 향후 10년 시장과 퀄리티 성장투자에 최고의 시나리오와 최악의 시나리오는 어떤 것인가?

8장 최고의 주식을 찾는 투자자가 해야 할 일   226

감사의 글 229

| 일러두기 |

이 책에 나오는 저자의 투자 철학과 투자론이 녹아 있는 'quality growth investment' 가운데 'quality'라는 단어는 우리말로 번역하기보다는, 고유명사처럼 사용하는 저자 특유의 용어인 만큼 발음대로 '퀄리티'로 표기합니다.

참고로 피터 세일런의 투자법이 벤저민 그레이엄보다는 워런 버핏에 가깝지만, 어떤 투자법도 다 똑같을 수는 없다는 점도 감안하여 저자가 사용하는 quality라는 단어의 느낌을 그대로 살리는 것이 좋겠다고 판단하였습니다.

| 추천사 |

투자거장 워런 버핏은 벤저민 그레이엄 스타일의 가치투자로 수년을 보낸 후에 마침내 열악하거나 그저 그런 기업을 좋은 가격에 사는 것보다는 '아주 훌륭한 기업'을 적정가격에 사는 것이 낫다는 것을 깨닫게 되었다고 말한 적이 있다. 그는 존 메이너드 케인스와 필립 피셔 같은 그에게 영향을 끼친 다른 많은 투자자들도 언급하긴 했지만, 특히 오랜 친구이자 사업 동료인 찰리 멍거 덕분에 이런 깨달음을 얻게 되었다고 했다.

그런데 경험적으로 볼 때 긍정적인 것이 매우 많은, 그러면서도 부정적인 것은 거의 없는 전략을 더 많은 투자자들이 추구하는 것을 방해하는 뭔가가 인간 본성 깊은 곳에 자리 잡고 있다. 최고가 아닌 것에 투자하는 것이 잘못이라고 믿는 것이 어떻게 이상한 일인 걸까? 장기적인 시각과 선택의 자유를 가진 사람이라면 알면서도 일부러 최고가 아닌 다른 기준으로 예술작품이나 와인을 고르거나, 배우자를 선택하지는 않을 것이다.

　내 친구 피터 세일런을 높이 평가할 수 있는 것은 그가 투자업계에 뛰어든 초창기부터 해당 기업이 까다로운 일련의 재무기준을 통과하는 것은 물론이고, 향후 수년 동안 계속 그런 기준을 통과할 것이 분명하다는 확신을 투자자들에게 주는 그런 고퀄리티의 성장기업에만 투자하는 것이 현명하다는 생각을 굳게 고수해 왔다는 것이다. 어떤 한 퀄리티 성장기업이 꾸준히 높은 자본수익률을 올리는 능력을 오래 유지할 수 있는 것, 이것이야 말로 실제로 그 기업을 고위험이 아니라 저위험 고수익 투자로 만드는 핵심 기준이다.

　어떤 종류의 투자자든 간에 모든 투자자에게는 영구적인 자본손실을 피하는 것이 투자수익을 극대화하는 것만큼이나 중요하고, 바로 이것이 이 책의 저자 피터 세일런의 신조다. 그가 말하는 이른바 '퀄리티 성장주식'으로 포트폴리오를 구축하는 것만이 손실 리스크를 최소화함과 동시에 평균 이상의 장기 수익 가능성을 높일 수 있는 올바르고도 유일한 방법이다. 그런데 일반적으로 이 방법은 대다수의 개인 및 직업 투자자들이 택하고 있는 방법은 아니다. 이들에게는 오늘 현재 불확실하지만 보다 큰 수익을 추구하는 것이 미래의 보다 신뢰할만한 수익을 확보하는 것보다 우선인 경우가 많다.

　케인스의 유명한 말을 빌려 말하면, 도박의 유혹에서 자유로운 주식투자자는 거의 없으며, 따라서 그런 경향에 대해서는 적절한 대가를 치러야 한다. 그런데 지루함의 대명사지만 적절히 가격이 매겨진 수동적으로 운용되는 인덱스펀드(지수펀드), 요컨대 패시브 인덱스펀드로 매주 흘러들어가는 돈이 증가하고 있는 것을 보면, 오늘날 보다 깨인 시각을 가진 투자자가 그리 적지는 않은 것 같다. 이런 인덱스펀드가 투자자들을 끌어들이고 있는 핵심적인 유인요인은 단지 그 펀드가 장기적으로 시장 평균 정도의 실적은 분명히 제공한다는 것이다.

그런데 더 나은 길이 있는데도 이런 식으로 차선에 안주해야 할까? 바로 이것이 읽기 쉽고 권위 있는 투자서 목록에 그 이름을 올린, 그리고 아주 적절한 시기에 발간된 이 중요한 책에서 피터 세일런이 우리 모두에게 던지는 도전적인 질문이다. 그의 까다로운 기준(그가 이 책 3장에서 설명한 10대 황금법칙)을 통과하는 일련의 투자할 만한 기업들은 전 세계 주요 주식거래소에 상장된 5만 개가 넘는 기업 중 극히 일부에 불과하다.

이 소수의 기업들은 모두 오랜 역사를 갖고 있으며, 깊이 있고 유동성 있는 시장을 점유하고 있는 유명한 기업들이다. 모두 상장된 기업이기 때문에 투자할 돈을 가지고 있는 사람이면 누구나 아무런 방해도 없이 이런 기업을 소유할 수 있다. 지난 30년 동안 어느 한 시점에서건 이들 기업에 투자했다면, 지금까지 벌어들였을 리스크 조정 후 수익률은 인덱스펀드는 물론이고 전문적으로 운용되는 약간의 펀드를 제외한 모든 펀드의 실적보다 높을 게 분명하다. 퀄리티 성장기업은 아주 장기적인 연금부채 의무를 가진 연기금과 기관투자가들에게 (그리고 장기 여유자금을 가진 개인투자자들에게) 딱 맞는 투자대상이라고 볼 수 있을 것이다. 그런데 이런 저런 주식을 구분할 수 없는 규제당국과 보험계리사들은 그렇게 생각하려 하지 않는다.

피터 세일런이 운영하는 세일런투자운용Sailern Investment Management이 보여준 그간의 실적은 그의 투자법이 성공적이었음을 잘 증명해 주고 있다. 그의 펀드 중 가장 오랫동안 지속적인 실적을 기록한 펀드는 복리로 계산했을 때 23년 동안 MSCI 선진국지수MSCI World index보다 매년 약 2.25% 더 높은 실적을 기록했다. 최초 투자원금이 여섯 배 이상 불어난 실적이다. 그리고 이런 실적은 기억에도 생생한 두 번의 혹독한 약세장(2000~2003년과 2007~2009년)을 겪고도 기록한 실적이다. 같은 식으로 계산할 경우 MSCI 선진국지수의 투자원금은 3.75배 증가한 정도이다. 특히 지난 10년은 피터 세일런의 투자법이 큰 보상을 받은 시기로 복리로 연 평균 13% 이상의 수익률을 기록했다.

그리고 세일런 퀄리티 성장펀드는 전체 시장보다 변동성도 적었다.

세일런 세계 퀄리티 성장펀드와 MSCI 선진국지수의 수익

자료: 세일런투자운용, 블룸버그

따라서 만약 여러분이 가장 선호하는 리스크 지표가 변동성이라면(물론 그래서는 안 된다. 리스크는 변동성보다 훨씬 광범위하고 복잡한 개념이다), 시장보다 리스크는 더 적었고 실적은 더 좋았기 때문에 여러분은 이중으로 행복할 것이다. 사실 때로는 최고의 기업이라 해도 소유하기에 너무 비쌀 수 있다. 또 최고의 기업도 경영진의 무능, 현실 안주, 그리고 기술적 혹은 다른 형태의 경쟁력을 가진 매우 강력한 신규 경쟁자의 등장 같은 요인들이 결합되어 그 매력을 잃을 때도 있다. 그런 게 바로 자본주의다.

따라서 최고의 기업들이라 해도 선택적으로 접근해야 하며 그 기업의 상황을 잘 파악하고 있어야 한다. 그래서 궁극적으로 세일런 펀드에 편입되는 종목은 최고 중에서도 고르고 또 고른 종목들이다. 한 기업이 피터 세일런의 엄격한 퀄리티 성장기업 테스트를 통과하면 그가 이 기업을 보유하는 평균 보유기간은 10년 이상이다. 다른 펀드의 대부분의 애널리스트들과 달리, 세일런 펀드 애널리스트들은 이렇게 최고 중의 최고 기업을 찾아 펀드에 편입한 후 다시 계속해서 다른 '대박'을 찾아나서는 대신 펀드가 보유한 기업들의 영업과 회계를 보다 심도 있게 분석하는 데 더 많은 시간을 할애한다. 이는 이들 보유 기업의 경쟁우위가 잠식되고 있거나, 뒤처지고 있거나, 혹은 위장되고 있는 것은 아닌지 확인하기 위한 것이다. 자유의 대가가 끊임없는 경계라면, 퀄리티 성장기업에 투자할 때도 똑같은 원칙이 적용된다.

＊＊＊

　나는 피터 세일런이 이 책에서 소개하고 그 타당성을 입증한 투자원칙들이, 내가 그를 알고지낸 지난 20년 동안 조금도 변하지 않았다는 사실을 보증할 수 있다. 사실 매우 겸손한데다 당연히 누려야 할 유명세도 누리지 않았던 (그러나 또 그렇기 때문에) 이상적인 펀드매니저의 귀감이라 할 수 있는 피터 세일런은 자신이 발견한 투자통찰을 지속가능한 투자운용사업으로 실현해 보기 위해 처음 런던에 작은 사무실을 낸 것은 30년 전의 일이었다. 오늘날 그의 투자운용사는 운용자산이 15억 달러에 이를 정도로 성공했지만, 이런 상업적 성공에 이른 길이 항상 순탄한 것만은 아니었다. 지속적인 실적과 최선의 고객 이익보다 자산 축적을 우선시하는 많은 펀드운용사들이 택하는 쉬운 길은 그의 길이 아니었다.

　개인적, 직업적으로 겸손한 것을 깊은 확신이 없는 것으로 오해해서는 안 된다. 피터 세일런은 그의 퀄리티 성장투자전략의 본질적 우수함에 확신을 갖고 있는 것은 물론, 금융학자들과 다수의 직업투자자들이 애지중지하는 기존의 많은 이론과 가정에 대해서도 확고한 견해를 갖고 있다. 그런 이론과 가정들에 대한 그의 비판적 견해의 일부가 이 책에 소개되어 있다.

　이 시점에서 한 가지 언급해야 할 것은 세계금융위기 이후 진행된 거시경제적 상황이 그가 소유하기를 매우 좋아하는 그런 종류의 기업들에게 유리하게 전개되어 왔다는 것이다. 초저금리, 낮은 경제성장, 그리고 과도한 부채 같은 거시경제적 요인들은 모두 퀄리티 성장기업들의 밸류에이션이 역대 최고 수준까지 상승할 수 있는 환경을 조성했다.

일부 시장 애널리스트들은 이런 높은 밸류에이션이 하락 반전하는 것은 시간문제라고 믿고 있으며, 또 다른 이들은 실질적으로 현금흐름을 계속 증대시키고 있는 이런 최고 기업들의 능력(채권과는 매우 다른 성격이다)을 자기 편할 대로 무시하면서 이런 기업들을 '채권 대용물 bond proxies'이라고 다소간 멸시조로 말하고 있다.

피터 세일런은 이런 비판들이 틀렸을 뿐 아니라 핵심을 놓치고 있다는 것을 설득력 있게 주장하고 있다. 이 책은 특별히 훌륭한 주식을 고르는 법에 대한 매뉴얼임과 동시에 그가 왜 이런 견해를 갖고 있는지를 잘 설명해 주고 있다. 아직 퀄리티 성장투자의 장점에 대한 확신이 없다 해도, 이 책을 다 읽고 나면 독자 여러분도 투자자로서의 통찰과 깨달음의 순간을 맞이할 수 있을 것이다.

조나단 데이비스
www.independent-investor.com 창업자
2019년 8월 옥스퍼드에서

| 서문 |

투자는 과학임과 동시에 예술이다. 요즈음 시장과 같은 수준의 실적을 내는 것은 예술보다는 과학에 가까운데, 이는 종종 컴퓨터에 의해 수행되는 일이기도 하다. 이제 모든 투자자들은 벤치마크 지수들의 실적과 비교해 자신의 실적을 일상적으로 평가할 수 있게 되었고, 컴퓨터가 운용하는 인덱스펀드와 ETF들은 조용히, 비용 효과적으로, 그리고 매우 효율적으로 대부분의 벤치마크 지수와 비슷한 실적을 내고 있다.

그러나 평균보다 나은 실적을 내기 위해서는 여전히 과학보다는 예술이 필요하며, 성공하기 위해서는 각별히 신경을 써야 하고 어떤 기질도 필요하다. 내가 이 책에서 소개하는 퀄리티 성장투자는 '영구적인 자본손실 리스크는 최소화하면서 평균 이상의 수익을 올리기 위한 목적'으로 지금까지 인간이 고안한 투자전략 중 가장 믿을 만하고 효과적인 전략이다.

따라서 내 의견이긴 하지만, 퀄리티 성장투자는 투자의 성배에 아주 근접한 것이라고 할 수 있다. 퀄리티 성장투자를 지지하는 논거는 견실한 이론, 경험적 타당성, 그리고 사람들이 자주 놓쳐버리는 상식, 이 세 요인의 강한 결합에 기초하고 있다. 그러나 놀랍게도 유효한 수많은 경험적 증거에도 불구하고, 퀄리티 성장투자는 아주 소수의 전문 투자자들만 사용하고 있는 상황이다.

나는 이 책에서 퀄리티 성장투자가 무엇이며, 퀄리티 성장투자가 왜 그렇게 지속적으로 좋은 실적을 내고 있는지, 퀄리티 성장투자를 가장 잘 실행하는 방법은 무엇인지, 그리고 현대 투자업계의 많은 부분을 지배하고 있는 전통적인 사고가 왜 잘못된 것인지를 가능한 쉬운 언어로 설명하려고 한다.

왜 더 많은 투자자들이 내가 주창하는 투자법을 추구하지 않는지에 대해서는 여러 이유가 있는 것 같다. 부분적으로 이는 이성적인 사고의 부족에 따른 결과지만, 또 부분적으로는 투자업계의 운영방식 및 투자업계에 대한 실제 규제방식을 지배하는 많은 경제적, 행동적 요인들을 반영하는 것이기도 하다.

퀄리티 성장투자의 매력을 가장 먼저 수용해야 할 쪽은 연기금 투자 부문이다. 고령화를 고려했을 때, 은퇴 후 사람들이 안락하게 생활할 수 있는 수단을 제공하는 일은 21세기 선진사회가 직면한 가장 큰 세계적인 과제 중 하나다. 정책결정자들은 잘 알고 있는 사실이지만, 미래의 연금생활자들에게 필요한 (그리고 그들에게 지급하기로 약속한) 연금혜택과 그로 인해 증가하는 연금부채를 충당하기 위한 자산 사이의 갭이 점점 커져가고 있다는 것을 너무 많은 사람들이 모르고 있다.

나는 퀄리티 성장투자가 개인투자자들에게는 현명한 선택이자 보상을 받을 수 있는 선택임과 동시에, 선진국에 곧 밀어닥칠 이러한 연금적자 위기를 해결하는 데 아주 적합한 투자전략으로 믿고 있다. 그러나 규제당국과 보험계리업의 머릿속에 굳어진 리스크의 진정한 의미에 대한 부적절한 관념과 다른 보다 느슨한 행동적 요인들 때문에, 연기금펀드 스폰서들과 펀드매니저들은 이 전략을 채택하는 데 주저하고 있다. 이런 상황은 조속히 바뀌어야 한다.

  내가 퀄리티 성장투자를 주창하기 위해서는 기존의 지배적인 투자지식에 내재된 몇 가지 강력한 신화를 깰 필요가 있다. 투자 분산의 신화 같은 것이 그것이다. 그리고 미망인과 고아를 위한 주식 같은 것은 없는 이유, 배당에 대한 집착이 잘못된 이유, 그리고 지금처럼 금리가 가까스로 플러스를 유지하거나 약간 마이너스를 오갈 때도 여전히 자본차익을 올릴 수 있는 방법 등에 대해서도 살펴볼 것이다. 동시에 나는 학계와 미디어에서 광범위하게 공유되고 있는 근본적인 가정, 즉 고수익은 고위험을 감수해야 한다는 가정에도 이의를 제기한다.

  이 책은 크게 3부로 구성되어 있다. 1부에서는 투자전략으로서 퀄리티 성장투자를 주창하는 논거들을 제시한다. 여기서 나는 내가 정의한 퀄리티 성장투자로 높은 수익과 평균 이하의 리스크가 가능한 이유, 그리고 투자자의 전략이 정치, 통화정책, 채권시장 등 외부 사건에 어떻게 영향을 받는지도 밝혀두었다. 2부에서는 퀄리티 성장기업 자격기준을 모두 충족시키는 소수의 기업을 찾는 방법을 자세히 소개하고 있다. 이 과정에서 이런 퀄리티 성장기업 선정에 사용하는 '10대 황금법칙'을 공개할 것이다. 또 퀄리티 성장기업을 찾은 후에는 이 기업들을 어떻게 포트폴리오에 편입할 지, 그리고 이들의 가치는 어떻게 평가해야 하는지에도 초점을 맞출 것이다. 마지막 3부에서는 퀄리티 성장투자가 다른 투자법과 어떻게 다른지 살펴보고, 현재의 시장 상황에 대한 생각, 그리고 초저금리, 급속한 기술변화, 점증하는 정치적 양극화의 세계 속에서 모든 종류의 투자자들이 직면한 어려운 이슈들에 대한 나의 몇 가지 생각을 이야기할 것이다.

나는 규제나 문화적인 이유, 혹은 다른 이유로 퀄리티 성장투자전략을 택하기 쉽지 않은 상황이 많을 것이란 사실을 인정한다. 내가 할 수 있는 일은 많은 이들에게 퀄리티 성장투자전략이 보다 나은 전략이라는 증거들을 고려하라고 권하는 것뿐이다. 우리의 투자운용사를 통해 30년간 이 전략을 추구해 온 나는 지금까지의 실적이 고객들을 매우 만족시켰다는 것을 기쁜 마음으로 전할 수 있다. 다음의 글 '나와 퀄리티 성장투자'에서 밝힌 것처럼 내가 퀄리티 성장투자를 처음 접하게 된 것은 우연이었고 아주 일부는 나의 경험과 직관 덕분이었지만, 그 초창기 이후 우리 투자운용사가 수행해온 자세한 분석과 지난 30년간 우리 펀드들이 달성할 수 있었던 실적은 퀄리티 성장투자전략이 훨씬 더 널리 활용될 가치가 있다는 나의 확신을 더욱 강화시켜 주었다.

나와 퀄리티 성장투자

퀄리티 성장투자의 장점에 대한 나의 믿음은 내가 금융업에 뛰어든 비교적 초창기에 생겨났고, 그 후 해가 가면서 그 믿음은 더욱 강해졌다. 내가 금융업에 처음 뛰어든 것은 비엔나에 있는 오스트리아의 리딩뱅크 크레디트안슈탈트-방크페어아인Creditanstalt-Bankverein에 풋내기 신입사원으로 취직한 1973년 10월 1일이었다. 이때는 OPEC에서 배럴당 오일가격을 연초 대비 무려 네 배나 올린 시기였다(1차 오일쇼크). 이후 몇 년 간 걷잡을 수 없이 인플레이션이 진행되었고, 이로 인해 1981년까지 지속된 심한 약세장이 찾아왔다. 이 힘든 시기에 나는 내국채, 은행 간 업무, 수출금융, 증권트레이딩 등 금융의 주요 업무분야에서 일하면서 제대로 된 교육을 받을 수 있었다.

그 당시 나는 그런 교육이 나의 사고에 얼마나 결정적인 그리고 도움이 되는 영향을 미칠지 바로 깨닫지는 못했다. 그런 위기의 시기에 금융의 기본을 배움으로써 나는 금융시장의 여러 복잡한 구성요소들을 종합적으로 볼 수 있게 되었을 뿐만 아니라, 자본의 가치를 높일 가능성은 해치지 않으면서 리스크는 가장 잘 피할 수 있는 방법이 무엇인지에 대한 어떤 깨우침을 얻었다. 그때 나는 최고 퀄리티 성장기업에만 투자하는 것이 리스크는 최소화하면서 수익은 최대화하는 투자목적을 달성할 수 있는 가장 확실한 방법이라고 생각했다.

1978년 나는 영국의 햄브로스은행Hambros Bank으로부터 유럽대륙의 독일어권 국가 대상 사업에 합류해줄 것을 제안 받았다. 그런데 햄브로스은행에 정식 합류하기 전 1년 동안은 나중에 도이치은행에 합병된 독일의 유명 개인은행 잘 오펜하임 주니어 앤 씨Sal. Oppenheim jr. & Cie에서 일했는데, 이 당시 나는 프랑크푸르트와 쾰른 사이를 통근하면서 햄브로스은행이 제안한 과제를 준비했다. 그 1년 동안 나는 독일에서 최고로 평가받던 잘 오펜하임 금융 애널리스트들과 함께 시간을 보내면서 주식과 채권 시장 업무에 집중했다. 또 공개호가open outcry 시절 요란한 고성과 분주함으로 유명했던 프랑크푸르트 주식거래소 객장에 파견되기도 했다.

비엔나와 프랑크푸르트에 있던 시기에 나는 주식시장에 큰 매력을 느꼈고, 주식 분야에서 내 경력을 쌓기를 원했다. 그러나 비엔나와 프랑크푸르트 주식시장은 모두 그 깊이에 있어서 런던 주식시장과 비교가 되지 않았고, 따라서 나는 세계 최고의 금융센터에서 내 경력을 쌓기로 결심했다. 그렇게 1979년 햄브로스은행에 합류한 후, 처음엔 햄브로스은행으로부터 은행 간 업무개발 지원을 요청받았고, 투자운용부로 옮기려는 나의 열망은 나중에서야 이룰 수 있었다.

1981년 주식시장의 장기 강세장이 유럽 전역에서 시작되었고, 그 직후 나는 햄브로스은행의 신규 유럽사업부 신탁자산의 펀드매니저로 임명되었다. 이때는 유럽경제공동체 단일시장European Economic Community's Single Market 창설에 앞서 자본통제가 해제되고 있었기 때문에 유럽 전역에 걸쳐 많은 투자 제한이 폐지되고 있었다. 그 즈음 런던의 금융중심지 시티 오브 런던City of London에서 SG 워버그SG Warburg가 투자운용부문을 분리하여 당시 계열사였던 머큐리자산운용Mercury

Asset Management에 편입시킨 후 이를 런던증권거래소에 상장했다. 이는 영리한 행동이었는데, 나는 햄브로스도 같은 조치를 취하기를 바랐다.

1986년은 런던 금융시장에 기념비적인 해였다. 그해에 빅뱅으로 알려진 마가렛 대처의 금융서비스법이 실시되었는데, 이는 런던의 주식중개업 판도에 혁명적인 변화를 가져왔다. 중개업과 시장조성업(딜링)의 칸막이가 철폐되었으며, 미국 금융회사에도 시장이 개방되었다. 당시 나는 스위스의 개인투자운용사 노츠 스투기 앤 씨Notz, Stucki & Cie로부터 리서치 부문을 발전시키고자 했던 런던사무소에 합류해 달라는 요청을 받았다.

그 시기 유럽과 그 외 지역에서 투자활동이 증가함으로써 그때까지는 별로 알려지지 않았던 포트폴리오 운용스타일들이 대거 등장하기 시작했다. 나는 나를 고용한 회사들이 있던 제네바에서 시간을 보냈다. 이 회사들은 헤지펀드라는 상대적으로 새로운 세계에서 중요한 역할을 한 행위자들이었고, 월스트리트의 많은 투자운용사에 접근할 수 있었다. 헤지펀드 부문 외부에서 헤지펀드들이 접촉한 주요 기관은 W.P. 스튜어트W.P. Steward & Co.였는데, 당시 W.P. 스튜어트는 지금 내가 퀄리티 성장투자라고 부르는 그런 투자스타일을 선호했던 가장 대표적인 투자회사였다.

W.P. 스튜어트와 깊은 관계를 맺으면서 나는 엄격한 규칙에 기초해 세계 최고의 회사에 투자하는 것이야 말로 자본을 지키고 증대시킬 수 있는 가장 믿을만한 방법이라는 나의 초창기 확신을 더욱 굳힐 수 있었다. 이때 깨우친 핵심적인 통찰은 기업의 시장주가보다는 그 기업에 집

중하는 것이었다. 고객들의 돈이 투자되는 기업들에 대해 낱낱이 알아야만 그들의 수익의 지속가능성에 대해 판단할 수 있었다. 분명한 지침이 있고, 단기적인 주식매매를 통해 조속히 수익을 내려는 유혹을 피하면 리스크도 최소화 할 수 있다. 이런 경험은 고수익은 고위험을 수반하는 것이 결코 아니며, 그 반대, 요컨대 저위험으로 고수익이 가능하다는 나의 직관을 더욱 강화시켜 주었다.

1989년까지 나는 이런 투자전략이 옳다는 것을 아주 굳게 확신하게 되었고, 따라서 내 스스로 투자운용사를 설립하여 처음부터 내 방식대로 운용하는 것이 가장 현명한 선택임을 깨닫게 되었다. 제네바에서 3년을 보낸 후 나는 런던으로 돌아와 퍼즐조각들을 맞추기 시작했다. 처음엔 나 혼자였다. 그리고 가장 중요한 문제는 일련의 적합한 투자대상 기업군(유니버스universe)을 찾아 모으는 것, 그리고 더 중요한 것은 나와 같은 마인드를 가진 파트너와 고객을 찾는 것이었다. 그리고 곧 알게 되었지만 운도 필요했다. 나는 내 야망을 실현하는 데 오랜 시간이 필요하다는 것을 알았다. 그 후 있었던 실수들, 몇 번의 약세장, 그리고 다른 여러 어려움에도 불구하고 나는 내 선택을 지금까지 단 한 번도 후회해 본 적이 없다.

30년이 지난 후, 그리고 많은 강세장과 약세장을 경험한 지금도, 퀄리티 성장투자의 매력에 대한 나의 확신은 흔들림 없이 굳게 유지되고 있다. 이런 확신은 투자철학과 그 철학의 장기적인 시간지평 속에 내재된 오랜 성공 실적에 근거하고 있다. 장기간 투자하고 적절한 신호와 쓸데없는 노이즈를 구분하는 것이 아무리 어렵다 해도 퀄리티 성장투자는 효과적인 전략이다. 그리고 속담에서 말하는 것처럼, 고장 나지 않았으면 굳이 고칠 필요가 없다.

피터 세일런
2019년 8월 런던에서

Note: 이 책에 수록된 모든 통계자료와 도표는 세일런투자운용(Seilern Investment management), 블룸버그(Bloomberg), 팩트셋(Factset)에서 제공한 것입니다. 그리고 이 책에서 언급된 개별 주식들은 원칙에 대한 사례로만 사용한 것입니다. 투자 추천이 아니며, 시간이 지남에 따라 실제 지침으로는 그 유효기간이 지난 것이 될 것입니다.

제 1 부

•

오직 최고의 주식에만 투자하라!
Quality Growth

1장

리스크는 낮추고 수익률은 올리는 법
Higher Returns and Lower Risk

'퀄리티 성장기업'을 찾고 그런 기업들로 포트폴리오를 유지하는 것이 매력적인 이유는 무엇일까? 모든 투자전략이 그렇듯, 퀄리티 성장투자전략도 '리스크'와 '수익'이라는 두 핵심 요인의 균형을 맞추는 것으로 요약된다. 전통적으로 이 두 요인은 함께 상승하고 함께 하락하는 것으로 여겨지고 있지만, 사실 이 중 하나가 증가하면 다른 하나도 증가하기 마련이라고 단순히 말할 수는 없다. 평균 이하의 리스크에 훨씬 큰 수익을 제공하는 투자전략이 가능한데, 그 가능성을 알면서도 이 전략을 고려하지 않는다면 그 사람은 어리석은 투자자라 할 것이다. 간단히 말해 바로 그것, 요컨대 '보다 낮은 리스크에 보다 높은 수익'이 퀄리티 성장투자가 투자자들에게 약속하는, 그리고 지속적으로 제공하는 행복한 조합이다.

경험으로 보건대, 실제로 대부분의 투자자들은 확실하고 신중한 투자전략의 필요성을 명확히 이해하지 못하고 있으며, 리스크의 진정한 의미도 잘 모른다. 이들 대부분의 투자자들이 달성하는 수익이 실망스러운 때가 많은 이유 중 하나는 바로 이 때문이다. 개인투자자뿐만 아니라 전문투자자들도 마찬가지다. 잘 알려진 것처럼, 평균적으로 볼 때 전문적으로 운용되는 펀드의 60~80%가(수수료를 차감한 후의 실적이) 그 펀드에 상응하는 인덱스펀드나 벤치마크 지수의 실적에 미치지 못한다.

성공적인 투자자가 되려면 다수의 함정에 빠지지 않도록 끊임없이 노력해야 한다. 투자자는 자신이 원하는 게 무엇인지, 그것을 달성하고자 하는 시간지평, 그리고 그 과정에 감수할 수 있는 리스크의 양을 명확히 규정할 필요가 있다. 그가 감내하는 인내가 클수록 성공할 확률도 커진다.[1] 그리고 그 전략은 감정적인 흔들림 없이 신중하고 냉철하게 실행되어야 한다.

우리가 정의하는 퀄리티 성장기업은 일반적으로 하나의 독자적인 자산종류로 간주되지는 않지만, 그렇게 간주되어야 한다는 것이 내 의견이다. 왜냐하면 이들은 일련의 독특하고 고유한 특징을 갖고 있기 때문이다. 금융시장에서 가장 중요한 자산종류를 말해보라고 하면 대부분

---

1 나는 단어의 의미가 매우 가변적인 영어가 이제는 전통적으로 사용되고 있는 대명사 '그(he)'와 '그녀(she)' 모두를 아우르는 정중한 대명사로 일반적인 사람을 기술하는 법을 찾아야 한다고 생각하고 있다. 그러나 아쉽게도 그런 멋진 대명사는 아직 나타나지 않았고, 경영서적과 법률문서에서 저자가 남성과 여성을 모두 포괄하는 단어로 하나만 사용하는 것이 훨씬 편할 경우 일반적으로 남성 대명사(그, he)만 사용하는 경향이 있다. 나도 마찬가지이며, 따라서 내가 이 책에서 투자자를 언급할 때 전통적인 남성 대명사를 사용하는 것에 깊은 이해를 바란다. 그렇다 해도 내가 이런 식으로 남성 대명사를 사용할 때는 양성 모두를 동등하게 지칭하는 것이다.

의 투자자들은 상장주식, 사모펀드, 채권 및 고정수익증권, 통화, 상품 commodities, 부동산, 미술작품 같은 수집품, 클래식 자동차와 와인 등을 들 것이다. 그리고 확실한 것만 몇 가지 더 예를 들자면, 회사채, 헤지펀드, 파생상품 같은 하위자산이 위의 각 상위자산에 속해 있다.

퀄리티 성장투자자의 모토는 '최고만이 적합하다Only the best is good enough'는 것이다. 그리고 퀄리티 성장투자자의 '퀄리티'와 '성장'에 대한 정의는 매우 상세하고 구체적이다. 이는 가능한 투자자산의 범위를 여러 명확하고 긍정적인 특징을 보유한, 상대적으로 소수의 매우 견실한 상장주식으로 한정한다는 것을 의미한다. 이런 특징에는 강력한 재무상태, 높은 투하자본수익률, 성장산업에서의 시장지배력, 지속가능한 경쟁우위, 그리고 매우 주주친화적인 경영진 등이 포함된다.(10개의 가장 중요한 기준은 3장에서 자세히 다룰 것이다.) 이런 특징 중 일부만 만족시키는 것으로는 충분치 않다. 진정한 퀄리티 성장주식은 '모든 기준'을 다 충족시켜야 한다.

그래서 이런 모든 기준을 통과한 기업들은 하나의 최고급 클럽을 이룬다. 현재 주요 주식시장에 상장된 5만개의 기업 중 어느 때라도 우리 같은 엄격한 퀄리티 성장투자자가 요구하는 모든 기준을 충족시키는 기업은 60여 개에 지나지 않는다. 이 60여 개의 기업들은 그야말로 최고 중의 최고다. 이들의 가장 큰 강점은 잘 경영되고 있고 수익성이 좋다는 것뿐만 아니라 현명한 경영진을 감안할 때, 이들의 수익성 또한 지속적으로 오래 유지될 것으로 예상된다는 것이다. 인내심 있는 장기투자자에게 이런 기업들은 끊임없이 선물을 주는 고마운 존재다. 퀄리티 성장기업 외에는 그 어떤 자산도 이런 긍정적인 특징들이 아주 강력하게 결합된 자산은(혹시 있을지는 몰라도) 거의 없다 할 것이다.

마찬가지로 중요한 것은 기존의 지식과 달리 이런 종류의 투자자산으로 구성된 포트폴리오는 전통적으로 리스크가 가장 낮은 것으로 여겨지고 있는 은행예금이나 국채 같은 투자자산보다 본질적으로 덜 위험하다는 것이다. 그런데 이 주장을 믿기 위해서는 학술서적과 경영대학 강의실에서 말하는 것과는 다른 방식으로 리스크와 수익에 대해 생각해야 한다. 이번 장에서는 이러한 수익과 리스크를 차례로 살펴볼 것이다.

중요한 것은 '지속적인 수익'

어떤 기업에 투자하든 기본원칙은 그 기업의 주식가치는 궁극적으로 그 기업의 장기적인 이익 양상에 의해 결정된다는 것이다. 그리고 투자자가 벌어들일 수 있는 수익은 그 기업의 매출액과 현금흐름의 증가 그리고 그 기업이 투자한 자본으로 벌어들일 수 있는 수익(투하자본수익)에 의해 결정된다. 따라서 그런 지표들에서 매우 좋은 퀄리티를 보여줄 수 있는 기업은 적절한 시점이 되면 투자자들에게 평균 이상의 투자수익도 제공해야 한다.

경험적 증거에 따르면 실제로 그런 일이 벌어지고 있다. 물론, 주가는 감정과 투기의 바다에서 출렁거리기 때문에 단기적으로 보면 주식시장에는 무슨 일이든 벌어질 수 있다. 그러나 장기적인 패턴은 분명하다. 높은 투하자본수익률과 지속적인 수익성을 가진 기업은, 적절한 가격에 매수하면, 그보다 수익성이 낮은 기업보다 투자자산으로서 더 많은 보상을 제공한다. 그리고 또 이런 기업은 전체 시장보다도 높은 수익을 안겨준다.

이런 주장을 뒷받침하는 자료는 많다. 미국 투자회사 GMO가 2018년 발표한 연구자료에 따르면, 1928년부터 2018년까지 90년 동안 일련의 회계지표를 기준으로 평가한 퀄리티에서 가장 높은 점수를 기록한 기업들이 전체 미국 주식시장보다 연 평균 0.4% 높은 수익을 제공했다.[2] 게다가 여기에 일부 엄격한 밸류에이션 기준, 즉 최고의 주식에 너무 어리석은 가격을 지불하지 않는 것을 추가로 적용하면 퀄리티 기업에 대한 투자로 얻을 수 있는 이점, 요컨대 시장 초과 수익률은 연 평균 1.4%로 더 좋아진다.

언뜻 보기에 연 1.4%의 시장 초과 수익률이 그렇게 큰 수익이 아닌 것처럼 보일지 모르지만, 이는 낮은 비율의 수익도 장기적으로는 큰 수익으로 전환시키는 복리수익의 마법이라는 수학적 현상을 적용하기 전의 수치다. 단순히 계산만 해도, 시장보다 연 평균 1.4% 높은 수익을 내는 투자 포트폴리오는 8년 후에는 시장보다 10% 높은 수익을, 30년 후에는 시장보다 거의 50% 높은 수익을 내게 된다.[3] 절대적인 금액으로

---

[2] GMO가 사용한 기준에는 높은 자본수익률, 지속적인 수익성, 상대적으로 적은 부채를 가진 강력한 재무상태 등이 포함된다.

[3] 이는 주식시장이 장기적인 역대 평균인 연 평균 6%의 수익을 낸다고 가정한 계산이다.

보면, 이러한 복리의 마법 덕분에 시장보다 연 평균 1.4% 높은 수익을 내는 포트폴리오의 최종 가치는 그런 특징을 갖추지 못한 포트폴리오보다 최초 투자원금에 따라 수천 혹은 수백만 달러 가치가 더 높은 포트폴리오가 된다.

고퀄리티 성장기업으로 구성된 포트폴리오를 운용해 본 나의 경험도 GMO의 연구가 옳다는 것을 증명해준다. 우리 회사가 운용하는 세일런 세계 퀄리티 성장펀드Seilern World Growth Fund에 23년 전 투자한 고객들의 투자금은 523% 이상, 복리로 연 평균 8.1% 이상 증가했다. 그 20년 동안 이 펀드는 MSCI 선진국지수MSCI World Index보다 247%, 복리로 연 평균 2.3% 더 좋은 실적을 냈다. 이 펀드의 기준가격은 지난 10년 동안에만 3.5배, 복리수익률로는 13.2% 상승했는데, 이는 영국에 등록된 글로벌 주식펀드들 중 3위에 해당하는 실적이다(1위와 2위를 차지한 펀드도 우리와 유사한 퀄리티 성장투자 스타일로 자금을 운용하고 있다는 것은 우연이 아니다).

최고 퀄리티 기업 여부를 판단하기 위해 GMO가 사용한 기준들은 내가 이 책에서 소개하는 기준과 비슷하긴 하지만 같은 것은 아니라는 점을 밝혀두고자 한다. 사실 퀄리티 성장기업을 찾는 우리의 과정은 GMO보다 더 까다롭다. GMO의 연구는 단순히 S&P 500 종목 중에서 자신의 퀄리티 지표 상 가장 높은 점수를 받은 상위 1/3의 기업들을 대상으로 한 것이다. 우리는 보다 까다로운 일련의 기준들을 고집하고 있으며, 상대적으로 점수가 좋은 일정 비율의 상위 기업들을 택하기보다는, 모든 기준을 충족해야 한다는 절대적인 조건으로 그 기준들을 제시하고 있다. 따라서 우리의 투자대상으로 선정된 기업군universe은 그 수가 보다 적지만, 이들의 평균 퀄리티는 GMO가 선정한 퀄리티 기업들보다 높다.

따라서 수익률의 우수성margin of superiority in returns도 우리의 퀄리티 성장기업 유니버스가 더 높을 것으로 예측할 수 있을 텐데, 사실 그렇게 증명되고 있다. [표 1-1]은 우리의 퀄리티 성장기업 유니버스에 포함된 퀄리티 성장기업들이 누리고 있는 보다 높은 성장률의 잠재적 효과를 요약한 것이다. 이를 보여주기 위해 우리는 우리가 요구하는 10개의 퀄리티 성장 기준의 대리지표로 투하자본수익률ROIC을 사용했다. 현재 우리의 투자대상 유니버스에 포함될 자격이 있는 60여 개 기업들의 평균 자본수익률은 연 20%이다. 이는 미국의 주요 시장지수인 S&P 500 지수에 포함된 500개 기업의 연 11%보다 높은 것이다(이 20%의 자본수익률은 현재 우리 포트폴리오에 실제로 편입된 25~30개 기업의 것이 아니라, 우리가 투자할 주식을 고르는 풀로써 사용하는 투자대상 유니버스의 평균 수익률이다).

우리의 투자대상 유니버스와 S&P 500 기업 간의 연 9%라는 투하자

표 1-1 | 세일런 퀄리티 성장펀드 투자대상 유니버스 vs S&P 500 지수

	세일런 퀄리티 성장펀드 투자대상 유니버스	S&P 500 지수
투하자본수익률(2018년)	20.0%	11.4%
배당성향(2018년)	45%	79%
배당수익률(2018년)	1.4%	2.1%
연평균 총수익률(2008~2018년)	14.5%	12.8%

자료: 세일런투자운용

본수익률의 차이가 우리 유니버스가 주주들에게 보다 우수한 수익을 제공해 줄 수 있는 유일한 요인은 아니라는 것을 유념해야 한다. 배당성향으로 파악할 수 있는, 매년 사업에 재투자되는 이익의 비율도 중요한 요인이다.

퀄리티 성장기업의 힘은 이들의 높은 수익률에서만 나오는 게 아니라, 자신의 이익을 높은 수익률로 계속 재투자할 수 있는 능력에서도 나온다. 우리의 퀄리티 성장기업 유니버스의 평균 배당성향은 45%이고, 따라서 높은 수익률로 재투자되는 이익의 비율은 55%에 달한다. S&P 500지수의 경우에는 평균 배당성향이 그 두 배인 79%이고, 따라서 재투자되는 이익의 비율은 21%에 그친다.

어떤 특정 시기의 시작 시점에 퀄리티 성장기업의 배당수익률이 시장보다 낮지만, 시간이 가면서 지속적으로 시장보다 높은 총 수익률total returns을 내는 것은 바로 이 때문이다.

이런 분석의 다른 중요한 측면들은 다음 장에서 설명하겠지만 여기서 먼저 간단히 소개할 논점은, 투자자가 신뢰를 갖고 예상할 수 있는 퀄리티 성장주식 포트폴리오의 보다 높은 수익은 궁극적으로 이들 기업이 다른 기업들보다 현저히 많은 돈을 벌면서 자본은 훨씬 효율적으로 사용하고 있다는 입증 가능한 사실에서 비롯된 것이다. 이런 퀄리티 성장기업들은 복리수익을 내는 기계이며, 적절한 시기가 되면 그런 수익력earnings power은 높은 투자수익으로 전환되어야 하고, 또 그렇게 된다는 것을 이론적, 경험적으로 확인할 수 있다.

투자자가 이런 주식을 사기 위해 지불해야 하는 가격은 그 시점에 따라 크게 다를 수 있다. 어떤 경우에는 비싸 보일 것이고, 또 어떤 경우에는 싸 보일 것이다. 단기적으로 보면, 해당 기업의 자본수익률과 주주가 얻는 투자수익 간의 관계는 일치하지 않을 것이다. 일정 기간 이런 주식이 제공하는 실제 투자수익은 그 주식을 매수할 때 지불한 가격과 그 후 그 주식의 가치가 시장에서 새롭게 다시 평가되는 시점의 가격에 의해 결정된다.

원칙에 따른 매수와 매도도 퀄리티 성장투자의 매우 중요한 부분이다. 아무리 좋은 회사라 해도 터무니없이 비싼 가격에 매수하거나 너무 싸게 매도하는 것을 원하는 사람은 아무도 없다.

그럼에도 불구하고 퀄리티 성장기업에 대한 투자를 통해 투자자가 벌어들이게 되는 투자수익은 시간이 가면서 서서히 그러나 확실히 그 퀄리티 성장기업의 연 평균 이익증가율로 수렴된다. 다시 말해, 이런 기업은 오래 보유할수록 최초 매수가는 덜 중요해진다. 만약 한 기업이 20년에 걸쳐 좋은 시기와 힘든 시기를 모두 거치면서 연 평균 15%의 투하자본수익률을 기록한다면, 투자자의 투자수익도 연 평균 15%에 근접할 것이라고 합리적으로 가정할 수 있다.

퀄리티 성장투자자가 매매자나 투기자가 아니라 인내심 있는 장기투자자가 될 필요가 있는, 그리고 그것을 선호하는 것은 바로 이런 이유 때문이다. 퀄리티 성장투자자들은 빨리 돈을 벌려고 하지 않는다. 이들은 한 달 혹은 1년 만에 가격이 두 배로 뛸 주식을 찾지 않는다. 퀄리티 성장투자자들의 목적은 수년에 걸쳐 그들의 투자금을 지키면서 수익을 늘려가는 것이다. 한 시기에서 다음 시기로 가면서 주가가 오르고 내리

그림 1-1 │ 세일런 퀄리티 성장펀드의 이익 증가와 주가 실적

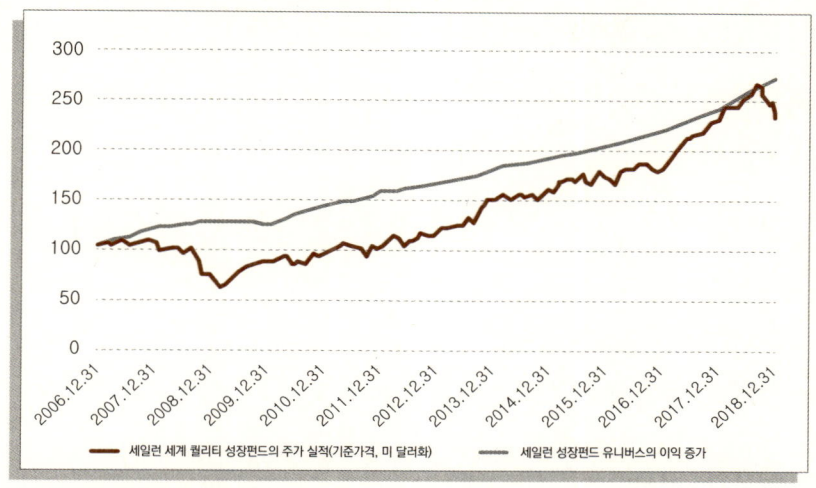

자료: 세일런투자운용, 블룸버그, 팩트셋

* 세일런 퀄리티 성장펀드 유니버스의 이익 증가 지표는 해당 기업들의 연간 이익증가율 중앙값으로 계산한 것이다.

고는 하겠지만, 퀄리티 성장기업은 도도히 흐르는 강 Ol' Man River처럼 '꾸준히 제 길을 간다 keep rolling along.'[4]

    퀄리티 성장투자를 매우 효과적이고 신뢰할만한 투자전략으로 만들어 주는 것은 보다 높은 장기 수익 그리고 그것을 성취할 수 있다는 확신, 이 두 요인의 강력한 결합이다. 그리고 해당 기업의 기본적인 사업 실적이 아니라 주가 변화를 가장 중요하게 여기는 투자자들의 투자법과 퀄리티 성장투자를 구분해 주는 것도 바로 이 두 요인의 결합 유무다. 경제학자이자 투자자였던 존 메이너드 케인스가 오래 전 지적한 것처럼 퀄리티 성장투자자는 투자자산의 기본적인 펀더멘털 속성

---

4 역주: Ol' Man River는 뮤지컬 'Show Boat'에 등장하는 노래로 도도히 흘러가는 강물을 빗댄 것이며, '꾸준히 제 길을 간다(계속 흘러간다, Keep rolling along)'는 가사의 한 부분이다.

fundamental attributes에서 돈을 벌려는 사람들이다. 유일한 관심사가 투자한 기업의 현재 주가인 사람은 그 기업이 무엇을 하고 있는지에 대해서는 거의 알지 못하거나 신경을 쓰지 않으며, 따라서 투자자와는 매우 다른 성향인 투기자로 보는 게 더 낫다.

리스크의 진정한 의미

퀄리티 성장투자를 지지하는 논거를 받쳐주는 첫 번째 기둥이 훌륭한 기업은 장기적으로 높은 투자수익을 제공할 것이라는 확신이라면, 두 번째 기둥은 이러한 투자수익을 평균 이하의 리스크로 달성할 수 있다는 자각이다. 투자에서 리스크는 복잡한 주제지만, 이런 맥락에서 이해하지 못할 정도로 그렇게 어려운 주제는 아니다. 퀄리티 성장투자의 매우 좋은 이점은 투자자가 보유한 해당 기업의 강한 펀더멘털이 영구적인 자본손실 리스크에 대한 강력한 방어막으로 작용한다는 것이다. 리스크에 대한 이런 정의가 의미하는 것, 그리고 그것이 투자성공에 매우 근본적인 이유를 설명하는 것이 중요할 것이다.

일반적인 투자자들은 일간 혹은 주간 단위로 자신이 보유한 투자자산의 가치에서 벌어지는 일을 중심에 놓고 리스크를 보는 경향이 있다. 이와 유사하게 학계에서도 리스크를 측정하는 지표로 주식이나 여타 투자자산에 매매가 이루어질 때마다 관찰되는 가격 움직임의 변동성 volatility 혹은 가변성 variability을 선호한다. 신문과 TV의 헤드라인은 매일 주식시장이 하락할 때마다 얼마나 많은 시가총액이 '사라졌는지'에 초점을 맞춤으로써 이런 생각을 답습하고 있다(그런데 주가의 상승은 그에 상응하는 취급은 거의 받지 않고 있다). 여기에 깔린 기본적인 가정은 주가가 더 널뛸수록 더 위험하다는 생각이다.

그러나 이런 모든 리스크 개념은 오해의 소지가 있을 뿐 아니라 매우 위험하기도 하다. 어느 날 한 투자자가 어떤 투자자산을 매수하거나 매도할 필요가 있다면, 현재 가격이 매우 중요하다는 것은 의심할 여지가 없는 분명한 사실이다. 그리고 그 가격이 매일 큰 비율로 상승하거나 하락하고 있다면 이는 불편한 일일 것이다. 그러나 사실 대부분의 투자자들(매매자들과 반대되는 개념이다)에게 이런 일이 벌어지는 경우는 드물고, 그 대부분은 어쩔 수 없이 벌어진 일이라기보다는 자의적으로 벌어진 일이다. 금융시장의 작동방식을 직접 경험한 모든 사람들은 주가의 단기 변동에는 많은 요인이 있을 수 있다는 것을 곧 알게 되지만, 대개의 경우 이런 요인들은 일시적이거나 비합리적인 것으로 밝혀지며, 퀄리티 성장투자자들이 보유한 그런 기업의 운명과는 거의 항상 별 관련이 없다.

지금까지 살펴본 것처럼 장기적으로 어떤 투자의 성공을 결정하는 데 보다 중요한 것은 그 기업의 펀더멘털(그 기업의 이익, 현금흐름, 그리고 재무상태)이 얼마나 좋아지거나 혹은 나빠지고 있느냐 하는 것이다. 전설적인 가치투자자 벤저민 그레이엄의 유명한 말에 따르면, 주식시장은 단기적으로는 투표 집계기와 같아서 다수의 투자자들이 지금 현재 생각하는 바에 의해 주가가 결정되지만, 장기적으로는 체중계와 같아서 펀더멘털이 주가 움직임의 가장 중요한 결정요인이 된다. 따라서 당연히 장기적인 시각을 가진 투자자가 직면하는 가장 큰 리스크는 그가 보유한 주식의 주가가 내일 오를 것이냐 혹은 내릴 것이냐 하는 것이 아니라, 해당 기업의 펀더멘털이 올해, 내년, 그리고 그 이후에 나아질 것이냐 혹은 악화될 것이냐 하는 것이다.

이런 펀더멘털이 악화되고 있다면, 그리고 경영진이 이런 상황을 바로잡지 못하면, 투자자는 분명 영구적인 자본손실 리스크에 노출되게 된다. 리스크에 대해 생각할 때는, 투자자가 보유한 기업의 주가가 매일매일 오르거나 내리는 것을 걱정하기보다는 그가 회복 불가능할 정도로 돈을 잃지 않도록 보호되는 것이 훨씬 중요하다. 변동성을 리스크 지표로 사용하는 것에 문제가 많은 이유는 바로 이 때문이다. 분명 변동성은 어떤 종류의 리스크를 보여주는 지표이긴 하지만, 변동성이 보여주는 그 리스크는 상대적으로 사소한 것이고, 많은 경우 별 관련이 없는 것이며, 훨씬 중요한 리스크(투자자의 자본이 위협을 받고 있는지 아닌지 하는 리스크)에 대해서는 아무것도 말해주는 게 없다.

공교롭게도 퀄리티 성장기업이 평균적인 상장기업들보다 주가 변동성이 적은 경향을 보이지만, 이것이 퀄리티 성장기업이 펀더멘털 측면에서 덜 위험한 투자자산이 되는 주요 이유는 아니다. 2012년 GMO가 수행한 또 다른 연구에 따르면, 퀄리티 기업들이 장기적으로 평균 이상의 수익을 제공하지만, 그 차이는 주가가 전체적으로 하락하는 약세장에서 실제로 가장 뚜렷하다는 것이다. 약세장이 그렇게 자주 찾아오는 것은 아니지만, 한 번 오면 자산에 큰 타격을 입힐 수 있다. 지난 20년 동안에만 두 번의 약세장이 있었는데(2000~2002년, 2007~2009년), 이 때 주식시장은 상대적으로 짧은 기간에 고점에서 저점까지 최소 50%나 하락했다.

그리고 회복 불가능한 손실이 매우 현실화될 수 있는 것은 바로 이 짧은 기간이다. 이 때 아주 분명히 과도한 부채를 이용해 재무상태를 유지해온 열악한 기업과 그저 그런 기업들은 파산에 직면하게 된다. 이 경우 자신의 포트폴리오 가치 하락을 피할 수 있는 투자자는 거의 없다. 파산한 기업을 소유한 사람 혹은 현금을 확보하기 위해 어쩔 수 없이 주식을 팔 수밖에 없는 사람은 누구나 영구적인 자본손실을 입게 된다. 퀄리티 성장투자자들도 시장 하락에서 자유로울 수는 없다. 그러나 차이가 있는데, 강한 펀더멘털 덕분에 퀄리티 성장기업들은 계속 돈을 벌 것이고, 이 때문에 퀄리티 성장투자의 경우 대개는 그 충격이 훨씬 덜 심각하다는 것이다. 이런 기업들은 분명 파산할 리스크에 직면하지도 않을 것이고, 따라서 투자자들의 자본손실도 영구적인 것이 아니라 일시적인 평가손실paper loss 형태가 될 것이다.

이 GMO의 연구에 따르면, 약세장에서 퀄리티 기업들의 주가 실적은 전체 시장보다 평균적으로 연 3~5% 더 좋았다. 플러스 수익과 마찬가지로 마이너스 수익(즉 손실)도 복리로 불어나기 때문에, 약세장에서 퀄리티 성장투자자들이 경험하는 주가 하락은 당연히 전체 시장이 경험하는 주가 하락보다 훨씬 덜 하다. 따라서 보통 18개월에서 2년 정도 지속되는 약세장이 끝나면, 퀄리티 성장투자자는 (그런 하락을 완화하기 위한 어떤 예방조치를 취하지 않았음에도 불구하고) 약세장 이후에 오는 상승기의 과실을 즐기기에 훨씬 유리한 상태에 있게 된다. 결국 그의 자본은 시장 하락을 온전히 이겨내게 된다.[5]

투자자가 자신에게 물어봐야 할 상식적인 질문은, 시기가 좋지 않을 때 (수년 간 꾸준히 이익을 내 왔고 부채가 없는 고퀄리티 성장기업과 과거에 이익을 짜내기 위해 과도한 차입을 했으며 경기가 둔화되면 손실에 빠지고 파산을 피하기 위해 골머리를 앓아야 하는 그런 기업 중) 자신이 어떤 주식을 보유하기를 더 원하느냐는 것이다. 다른 더 위험한 기업들은 좋은 시기에 그 가격이 더 상승할 수도 있겠지만, 진정한 고퀄리티 성장기업에 투자한 투자자들은 그들의 자본이 항상 지켜질 것이며, 나쁜 시기에도 살아남아 싸울 수 있다는 것을 알고 있다.

GMO의 연구결론은 다음과 같다. "매우 우수한 수익성을 가진 기업은 파산하지 않는다. 매우 우수한 수익성을 가진 기업은 매우 우수한 투자수익을 창출한다. 마찬가지로 수익성이 낮은 기업은 매우 힘들게 살아갈 것이다. 이는 기업 차원뿐만이 아니라 전체 시장 차원에도 적용된다. 궁극적으로 기업의 이익이 투자수익을 견인한다. 이런 결론은 어떤 시나리오에서든 '기업 이익의 생존가능성survivability'에 초점을 둔 리스크 및 투자 체계framework를 강력히 주창하는 것이다." 이는 퀄리티 성장투자자의 핵심적인 믿음이기도 하다.

---

[5] 매우 단기적으로 극심한 시장 하락 초기에는 고퀄리티 대기업들의 주가가 그보다 위험한 기업들보다 더 급격히 하락할 수 있는데, 그것은 고퀄리티 대기업들이 현금이 부족하거나 패닉에 빠진 기관들이 신속하게 매도해 현금을 확보할 수 있는 유일한 주식이기 때문이다(2장에서 언급하고 있는 유동성 요인의 예). 그러나 약세장이 더 진행되면서 GMO의 연구결과가 옳은 것으로 밝혀진다.

광범위한 리스크 요인들

경험에서 알 수 있을 텐데, 자본손실을 입을 가장 큰 리스크는 투자자의 행동 때문인 경우가 많다. 시기가 좋을 때 투자자는 '이익을 위한 이익 실현'의 충동에 저항해야 한다. 시티 오브 런던의 오랜 격언 중에 '이익은 이익이 이익이다 a profit is a profit is a profit'란 말이 있다. 요컨대 이익은 실현해야 이익이라는 것이다. 그러나 퀄리티 성장투자자는 이렇게 생각해선 안 된다. 퀄리티 성장투자자는 시간이 자기편이란 것을 알고 있다. 그는 최고의 선수들을 가진 감독이며, 벤치에 앉아 이 우수한 선수들이 이기고 들어오길 기다리면 된다.

그러나 많은 투자자들은 뭔가 하려는 행동에 중독되어 있다. 이들은 중요한 발표나 이벤트가 있을 때마다 포트폴리오를 조정하려고 한다. 투자자들은 정부의 예산발표가 있으면 새로운 매수 리스트를 만들고, 금리변화가 있으면 매매할 준비를 하고, 선거가 있으면 그 결과에 대응할 필요를 느낀다. 그러나 이는 거의 언제나 투자자의 시간과 돈을 낭비하는 일일 뿐 아니라 주식시장의 단기 변동성에 일조하는 일이다.

이미 지적한 것처럼 주가 변동성을 리스크와 동일시하는 것은 잘못이지만, 이런 잘못은 투자자가 매일매일 자신의 포트폴리오 가치가 변하는 것에 감정적으로 반응하면 쉽게 저지를 수 있는 실수다. 주가 하락은 패닉과 추세 추종자들에 의해 더 부각되기 때문에 투자자가 신경과민이면 일수록 그에 따른 잠재적 변동성은 더 커진다. 반대의 경우도 마찬가지여서, 주가 상승은 추세 추종자들 그리고 기질적으로 탐욕적이거나 잘 흥분하는 사람들을 자극해 시장의 과잉 상승을 만들어 낸다.

말하고자 하는 핵심은 이런 두 경우 모두 변동성을 유발하는 것은 기업 그 자체가 아니라, 걱정하는 혹은 열광하는 투자자의 마음속에 있는 그 무엇이란 것이다. 이성에 대한 감정의 승리가 바로 변동성을 유발하는 것이다.

불행히도 이런 식으로 분별없이 이리저리 휩쓸리면 포트폴리오의 가치는 훼손되고 영구적인 자본손실 리스크 역시 증대된다. 과잉행동적인 투자자가 투자자산을 매수하고 매도하는 데 지출하는 돈(수수료 등)은 자본에서 직접 빠져 나가는 비용이다. 그런 비용이 하찮은 것일 수 있지만, 그래도 그 돈은 영원히 사라지는 것이다. 자본을 적절하게 사용하기 위해서는 각각의 모든 거래가 지금까지 잃었던 자본을 다시 벌어들이는 영구적인 금융수익으로 이어져야 한다.

많은 투자자들은 주가가 상승하면 수익을 실현하고 싶어 하는데, 이는 주가가 다시 떨어질 것이고 그러면 보다 낮은 가격에 그 주식을 되살 수 있을 것이라는 희망 혹은 기대 때문이다. 그런데 이것이 성공하기 위해서는 두 개의 올바른 결정이 필요하다. 첫째는 적시에 파는 것이고, 둘째는 적시에 되사는 것이다. 둘 중 하나가 잘못되면, 손실은 영구적인 것이 된다. 너무 활발히 매매하면 그런 결과가 발생할 리스크는 더 커진다. 전문적으로 운용되는 많은 펀드가 마땅히 달성해야 할 실적을 내지 못하는 이유 중 하나가 바로 이것이다. 그리고 또 이는 (거래비용이 더욱 투명하게 공개되면서 운용수수료가 펀드실적에 큰 부담이 되고 있다는 것이 부각되고 있기 때문에) 펀드운용사들이 운용수수료 인하 압박을 점점 더 많이 받고 있는 이유가 되기도 한다.

투자 포트폴리오를 이리저리 건들고 싶은 욕구에 저항하는 것은 자본을 지키고 중대시키는데 중요한 기여를 한다. 진정한 퀄리티 성장기업들로 구성된 포트폴리오는 다 익을 때까지 그냥 내버려 두면 아주 풍요로워질 것이다. 일반적으로 건실한 투자자산은 인내심 있는 투자자에게 보상을 안겨준다. 투자자는 시장에 신중하게 들어가고 나옴으로써 절약한 시간을 보유 포트폴리오 및 투자대상 유니버스에 대한 자신의 지식을 쌓고 정교화 하는 데 사용하는 것이 더 낫다. 요컨대 기본적으로 해야 할 일만 잘하면, 수익은 따라오게 되어 있다. 오늘 혹은 내일의 주가는 부차적인 요인이다.

리스크를 바라보는 시각

기존 투자지식의 또 다른 교리는 투자자가 보다 높은 수익을 얻기 위해서는 보다 높은 리스크를 받아들일 필요가 있다는 것이다. 불행히도 이런 지식은 잘못된 것이다. 룰렛게임에서 자신의 모든 칩을 빨강에 거는 것은 돈을 두 배로 불릴 가능성을 위해 모든 돈을 잃을 리스크를 감수하는 것이다(이보다 더 높은 리스크 상황을 생각하기는 어려울 것이다). 그러나 이것이 투자자가 가야 할 현명한 방법이라고 주장하는 사람은 아무도 없을 것이다. 보다 큰 보상을 얻기 위해 보다 큰 리스크를 감수해야 한다는 것은 틀린 생각이다. 은행예금이나 국채 같은 자산들이 실제로 리스크가 낮다는 전통적인 설명 역시 마찬가지다.

흔히들 가장 안전한 투자는 현금을 은행에 예금하는 것이고, 그 다음 안전한 투자는 국채에 투자해서 정부에 돈을 빌려주는 것이라고 한다. 그러나 이 모두 위험한 오해다. 돈을 은행에 예금하는 것부터 살펴보자. 은행에 예금한다는 것은 기술적으로 말해 이자를 받는 대가로 은행에 무담보 신용대출을 해주는 것이다(운이 좋다면 그런 것이다. 금리가 매우 낮은 요즘 시대에 은행 예금자는 예금이자로 거의 혹은 전혀 수익을 기대할 수 없다).

그런데 왜 은행이 그 대출을 갚을 것이라고 믿어야 할까? '무담보' 신용대출이란 그 은행의 상환 약속을 뒷받침해주는 어떤 보장이나 담보도 없다는 것을 의미한다. 자금경색 상황에 처하면, 은행은 채무자들에게서 상환 받은 돈으로 그 대출을 상환할 것이다. 그런데 은행에 돈을 상환해야 할 채무자들이 과연 얼마나 건전할까? 이를 확실히 아는 사람은 아무도 없다. 2013년의 힘든 시기에 키프로스의 은행고객들은 은행과 정부 모두가 예금자에 대한 은행의 상환의무보다 자신들의 정치적 이해를 먼저 챙기기 위해 부도덕해질 수 있다는 사실을 고통 속에 힘겹게 깨달았다.[6]

이런 충격적이고도 합법적인 도둑질 사례를 차치하고라도, 어떤 은행 예금자도 그가 예금한 돈이 현명하게 사용되고 있는지 아니면 무책임하게 사용되고 있는지 전혀 알 수 없는 게 현실이다. 물론 대부분의

---

[6] 유로존 정치인들은 키프로스 은행시스템에 구제금융을 제공하는 대가로 키프로스 은행고객들에게 예금의 상당 부분을 포기하도록 일방적으로 강요했다.

정부가 은행예금을 어떤 한도까지(영국의 경우 금융기관 당 8만 5,000파운드까지, EU의 경우는 10만 유로까지) 실질적으로 지급보증하고 있는 것은 사실이다. 그러나 이런 국가의 지급보증이 가진 역설적인 효과는 그 돈에 대한 책임 추궁이 없다는 것을 아는 은행가들이 예금자들의 돈을 가지고 지급보증이 없을 때보다 더 큰 리스크를 감수하게 만들 수 있다는 것이다. 2007~2009년 신용위기가 매우 극심했던 이유 중 하나가 바로 이 때문이었다.

국채도 금융이론에서의 주장처럼 그렇게 리스크가 낮은 것은 아니다. 오늘날 유럽 국가들이 발행한 일련의 대규모 국채들이 마이너스 실질수익률을 제공하고 있는데, 이는 사실상 채권투자자들이 웃돈까지 얹어서 정부에 돈을 빌려주고 있다는 것을 의미한다. 이런 식으로 정부에 돈을 빌려주는 투자자들은 거의 어떤 이자도 못받고, 미리 정한 날짜에 자기 돈을 돌려받는다는 보증을 받긴 하지만, 그때도 그 돈이 처음 빌려줄 때의 가치를 가질지는 전혀 알 수 없는 처지에 있는 셈이다. 인플레이션은 채권을 포함한 모든 고정수입 투자자산의 가장 큰 적이며, 인플레이션 발생을 알려주는 어떤 신호도 구매력의 실질적, 영구적 손실을 초래하기 마련이다. 수익률이 제로이거나 심지어 마이너스인 채권을 무위험상품이라고 말하기는 매우 어렵다.

따라서 투자자들에게 문제는 자신의 돈을 은행이나 정부에 빌려줄 것이냐, 아니면 세상에서 가장 좋고 가장 평판이 높은 기업들(향후 오랫동안 뛰어난 성장을 할 것이고, 부채의 필요성이 거의 혹은 전혀 없는 강력한 재무상태로 무장한 기업들)에게 맡겨서 그들의 성공의 과실을 함께 나눌 것이냐 하는 것이다. 이렇게 생각하면, 논리적으로 답은 하나뿐이다. 물론 수익과 관련해 항상 투자자들의 통제 밖에 있는 다른 요인들도 있다. 예를 들어, 한 사람의 투자인생 시작시점이 좋은 시기와 맞아 떨어지느냐 아니면 나쁜 시기와 맞아떨어지느냐 하는 것은 운의 문제다. 아주 극단적인 예를 들면, 1917년 볼셰비키가 정권을 잡았을 때 러시아 주식투자자들은 모든 것을 잃었다.

1980년대 초에 처음 주식투자를 시작한 영국과 미국의 투자자들은 운 좋게도 주식투자 역사상 가장 수익이 좋은 10년 중 하나의 시작점에 시장에 들어간 사람들이다. 이런 경우엔 잘못되기가 어렵다. 1987년 10월의 급격한 가격 조정과 그 몇 년 후 발생한 한 번의 끔찍한 경기침체에도 불구하고, 거의 모든 주식 가격이 꾸준히 상승했다. 그 10년 동안 일본 투자자들도 훌륭한 수익을 얻었다. 그런데 1990년대 초 일본에서 주식투자를 시작한 사람들은 반대로 거의 20년 동안이나 열악한 수익을 견뎌야만 했다.

이런 경험은 1970년대에 벌어졌던 일과 판박이였는데, 이때 투자자들은 두 차례의 오일쇼크, 급등하는 인플레이션, 세계적인 경기침체의 여파 속에 큰 손실을 입었다. 다만 일본의 투자자들은 이 암흑기에 상대적으로 훨씬 사정이 좋았는데, 그것은 당시 일본 주식시장이(일본을 새로운 경제대국으로 만들고, 소니와 도시바 같은 기업들을 누구나 아는 이름의 기업으로 만든) 이른바 전후 일본의 기적을 본격적으로 평가하기 시작했기 때문이다.

현 세대의 투자자들에게 한 가지 매우 긍정적인 사건은 지난 30년에 걸쳐 진행된 정보통신 및 컴퓨터 혁명이다. 이 혁명은 진정한 의미의 세계적인 주식·채권·통화시장을 출현시켰다. 이로써 요즈음에는 투자자들이 전 세계의 기업과 국가에 투자하는 것이 간단하고 상대적으로 비용이 적게 드는 일이 되었다. 이는 한 세대나 두 세대 전에는 불가능한 일이었다. 자유로운 자본이동, 독립적인 중앙은행, 그리고 제조와 교역의 세계화로 인해 해외 투자기회가 대폭 늘었고, 그런 투자기회에 접근할 수 있는 편의성도 크게 증대되었다.

어떤 전문가들은 많은 종류의 주식을 포함해 어떤 형태의 투자자산은 '미망인과 고아들을 위한 것이 아니다'라고 한다. 이 또한 잘못된 말이다. 건전한 투자자산은 누가 그것을 보유하든 건전한 투자자산이다. 주가의 움직임은 투자자의 나이나 지위에 영향을 받지 않는다. 시장에 잘 알려진 말처럼, '주식은 당신이 그것을 보유하고 있다는 것을 모른다.' 퀄리티 성장기업이 가장 안전하고 가장 수익이 좋은 투자자산에 속한다면, 그리고 독립적인 자산으로 보는 게 옳다면, 어떤 사람의 삶의 지위가 어떠하든 그가 퀄리티 성장기업의 성공을 함께 나누는 것을 막으려는 것은 이상한 것 같다.

지난 몇 년간 약세장의 공포를 불러일으키고 급격한 변동성 확대를 동반한 무차별적인 주식시장 하락이 여러 번 있었다. 그런데 이런 변동성은 투자를 더 위험하게 만들기보다는 적절한 시점이 되면 신중한 퀄리티 성장투자자들이 좋은 기업을 이전보다 더 좋은 가격에 더 많이 매수할 수 있는 황금 같은 기회를 제공한다. 따라서 감정보다 이성에 기초해 행동하는 투자자들에게 변동성은 많은 경우 리스크가 아니라 긍정적인 요인이 될 수 있다.

   결론은, 전체적으로 퀄리티 성장기업은 평균 이상의 수익과 평균 이하의 리스크, 이 두 요인의 강력한 결합을 제공한다는 것이다. 이들은 경기확장기에는 좋은 실적을 내고 경기침체기와 여타 경제충격기에는 저항력과 회복력을 보여준다.

   이런 기업을 보유한 인내심 있고 감정에 휘둘리지 않는 투자자는 거래비용도 더 적게 지출할 것이다. 그는 자신이 모은 돈을 믿고 맡긴 기업에 대해 자신이 속속들이 알고 있는지 확인하는 일에만 집중하면 된다. 이런 일에 집중해야 하는 이유는 고퀄리티 성장기업이라 해도 처음 그 기업에 관심을 갖게 만들었던 우수한 경제적 실적을 미래에도 계속 달성할 수 있는지는(그 가능성이 높을 뿐) 보장할 수 없기 때문이다.

   퀄리티 성장투자자는 해당 기업이 경쟁우위를 잃어가고 있다는 이런저런 신호에 대해 바싹 경계해야 한다. 만약 상황이 변해서 투자한 자산이 상당한 수익을 제공할 가능성을 잃었다면, 마음을 바꿔 손실을 보더라도 매도하는 용기 또한 필요하다. 때로는 이것이 필수적인 것이 되기도 한다. 따라서 실적을 계속 조사하고 모니터하는 것이 우선과제다.

   약세장에서 퀄리티 성장투자자는 상황이 호전되면 자신의 포트폴리오 가치가 회복될 것이라는 확신을 갖고 있다. 퀄리티 성장기업은 거의 모든 경제환경에서 좋은 실적을 낸다. 장기적으로 투자자는 퀄리티 성장기업들의 연 12~15%의 순이익증가율이 비슷한 비율의 투자수익으로 전환될 것이란 것을 확신할 수 있다.

투자자가 갖춰야 할 마인드

그럼 문제가 뭐냐고 하는 사람이 있을 것이다. 그에 대한 대답은 모든 것은 투자자의 지식과 기질로 수렴된다는 것이다. 투자는 모험적이고 흥미진진해야 한다고(혹은 적어도 너무 정적이고 꼼꼼한 것이어서는 안 된다고) 생각되는 경우가 종종 있다. 그러나 주식시장을 좋은 뜻으로든 나쁜 뜻으로든 카지노 같은 것으로 묘사하는 사람은 누구든 잘못된 시각에서 출발한 것이다. 좋은 투자습관은 겸손, 인내심, 그리고 장기적인 시간지평을 필요로 한다. 좋은 투자습관은 감정을 피하고, 유행을 멀리하며, 매일 행동을 촉구하는 유혹들을 무시하는 것이다.

어떤 투자자들은 그 리스크가 허상일지라도 어쨌든 모든 리스크는 피해야 된다고 생각한다. 이들은 가상손실(평가손실)조차 용납하지 않으려 한다. 이들은 주식 자산이 어느 순간에라도 가치가 하락할 수 있다며 전전긍긍해 한다. 그러나 투자한 기업이 건전하다면, 적절한 시점에 주가가 다시 반등할 것이라고 이성적으로 생각해야 한다. 투자자는 자기 집을 생각하는 것처럼 주식을 생각해야 한다. 그의 집이나 부동산이 좋은 위치에 있다고 생각하면 그는 장기적으로 그 가치가 오를 것이라고 믿을 것이고, 따라서 그 가치를 확인하기 위해 매일 부동산 중개업자에게 전화를 거는 일 따위는 하지 않을 것이다. 주택소유자가 간혹 자기 집 지붕을 확인해야 하는 것과 마찬가지로 투자자산도 이따금 관찰하고 모니터해야 하지만, 항상 그것에 매달리는 것은 잘못된 것이다.

이 책의 제안을 따르는 투자자는 약세장에서도 가능한 최소한의 타격만 받고 살아남을 수 있게 고안된 퀄리티 주식포트폴리오를 구축할 수 있게 될 것이다. 그런 후, 낙관이 돌아오고 건전한 재무상태를 가진 기업들의 이익 증가가 다시 그들 주가에 반영되면 날개를 달고 날아오를 것이다. 이 게임에서는 굳은 의지를 가진 거북이가 흥분하는 토끼를 항상 이길 것이다.

무엇보다도 투자자는 정치인, 경제, 혹은 시장이 가할 수 있는 모든 우여곡절의 와중에도 그의 돈이 살아남고 늘어나도록 신경 써야 한다. 이런 외부요인들에 의한 우여곡절에는 독특한 특징들(이중 많은 것이 외견상 주목할 수밖에 없는 것들이다)이 있는 경우가 종종 있지만, 상식이 말해주는 것은 정말 중요한 것은 투자자산 그 자체라는 것이다.

퀄리티 성장기업이라는 까다로운 기준을 충족시키는 기업들에 초점을 맞추면 결국 투자자의 인내는 보상을, 그것도 큰 보상을 받게 된다.

2장

현명한 투자자는 계획이 다 있다
The Big Picture

좋은 경영진은 좋은 시기든 나쁜 시기든 기업의 수익성을 지속적으로 증대시키기 위해 모든 노력을 다하겠지만, 최고의 퀄리티 성장기업조차도 경제, 정치, 사회의 보다 광범위한 상황으로부터 완전히 자유로운 것은 아니다. 퀄리티 성장투자자는 이러한 보다 광범위한 경제적, 정치적, 사회적 진행 상황들을 인식하고 면밀히 모니터 할 필요가 있다. 그리고 이런 진행 상황들을 자신의 투자전략에 맞게 적절히 소화하는 것도 중요하다.

이번 장에서는 이런 거시적인 요인들이 투자자의 결정에 어떤 영향을 줄 수 있으며, 또 주게 되는지 자세히 살펴볼 것이다. 투자자의 주요 초점은 항상 그가 보유한 기업들(그의 투자수익의 원천이 되는 엔진)에 있겠지만, 불가피하게 다른 요인들이 영향을 미치는 시기가 있을 수 있다.

이때의 과제는 그런 사건들(언론에 대서특필되고 매일 회자되지만 언제나 처음 발생했을 때만큼 그 정도로 관련 있거나 중요한 사건은 아닐 수도 있는 그런 사건들)에 침착하게 반응하는 것이다.

시장을 움직이는 3대 요인

투자자는 시장을 구성하며, 상승하든 하락하든 시장 움직임에 영향을 미치는 세 가지 시장 구성요인에 항상 주의를 기울여야 한다. 이 세 가지 요인은 성장, 유동성, 그리고 밸류에이션이다. 시간이 감에 따라 이 세 요인은 모두 변하며, 이는 투자자가 자신의 포트폴리오에 조정을 가하도록 유혹한다. 그런데 이런 유혹에 저항하는 것이 현명한 경우가 많다.

1) 성장

성장Growth은 주식시장의 실적에 영향을 미치는 핵심요인 중 하나다. 강세장은 한 국가의 경제성장을 반영한다. 주가 상승은 그 국가의 경제를 구성하고 있는 개별 기업들의 이익 상승을 반영하는 것이다. 그리고 주식시장의 특징은 일반적으로 주가가 보다 강한 이익에 대한 기대로 상승하며, 주가 그 자체가 미래의 경제발전을 알려주는 주요 선행지표 중 하나라는 것이다. 그런데 이런 선행지표 역할은 성장이 아닌, 그 반대의 경우에도 작동한다. 요컨대, 앞서 발생한 상당한 주가하락은 그 몇 달 후에 나타날 경제상황 악화의 전조가 되는 경우가 많다.

꽤 많은 경우 주가가 이런 식으로 선행지표 역할을 하기 때문에 흔히 주식시장은 '항상 옳다'고 말하기도 한다. 한 국가의 통계전문가들이 경기침체가 발생했다고 공식 발표할 때는 그 몇 달 전에 이미 주식시장은 하락한 상태이고, 이는 실제로 우리가 확인할 수 있는 사실이다. 미래의 경제성장 경로를 미리 살피고 예측하는 것은 주식시장이 해야 할 일이다. 사후에 보면, 주식시장은 이런 역할을 잘 수행한다. 유일한 문제는 '모든 경기침체에는 그 전에 주식시장 하락이 선행하지만, 모든 주식시장 하락이 향후 경기침체를 알려주는 전조는 아니라는 것'이다.

다른 말로, 주식시장은 잘못된 신호를 줄 수도 있는데, 대개 이런 일은 투자자들이 자신의 감정에 굴복하거나 놀랄만한 어떤 새로운 에피소드가 발생해서 비합리적인 공포나 희망을 자극할 때 일어난다. 이런 에피소드는 주식시장의 변동성에 영향을 미치는 요인들 중 하나다. 바로 이런 시기에 주가는 펀더멘털 가치에서 벗어나 현명한 투자자들이 유리하게 주식을 매수하거나 매도할 수 있는 기회를 제공한다. 주식시장 하락이 미래의 경제하락을 미리 알려주는 것인지 아니면 그저 잘못된 신호를 내고 있는 것인지 확인하고 이를 구분하는 것은 애널리스트들이 해야 할 일이다.

1장에서 설명한 것처럼 퀄리티 성장투자자의 포트폴리오가 경기침체기에도 계속 성장할 수 있는 기업들로 구축된다고 해도, 이 포트폴리오 역시 하락하는 주식시장의 영향을 받을 수 있다. 그러나 강철심장과 여분의 현금을 갖고 있는 경험 많은 투자자에게 약세장은 항상 새로운 매수기회를 제공한다. 경제는 결국 회복하기 시작할 것인데, 그런 일이 벌어지기 몇 개월 전 주식시장은 이미 상승을 개시한다. 투자가가 그런 상승 시점을 찾아낼 수 있다면 자기가 좋아하는 퀄리티 성장기업의 주식을 추가로 매수함으로써 상당한 수익을 올릴 수 있다.

전체적인 경제사정 때문에 주가가 억눌려 있을 때 고퀄리티 성장주식을 매수하는 것은 그 후 몇 년 간 뛰어난 포트폴리오 수익을 올릴 수 있는 한 가지 확실한 방법이다. 그러나 그런 가능성을 찾는 일은, 말은 쉬워도 실제로 행하긴 어려운 일이다. 그 이유는, 심각한 손실로 휘청거리고 있는 투자자는 극심한 공포에 빠져 있고 언론에는 우울한 뉴스와 회고적 넋두리만 가득 찬, 바로 그런 매우 어두운 시기에 그런 가능성을 찾아야 하기 때문이다.

한 국가의 전체 경제가 성장하지 않으면 전체적으로 기업의 이익도 성장하기 어렵다. 이는 분명한 사실이다. 그러나 퀄리티 성장투자자의 투자대상으로 선택된 기업군은 거의 모든 종류의 경제적 시나리오 하에서도 뛰어난 성장을 누릴 수 있음을 증명한 기업들로 선별되어 있다. 약세장에서 이들의 재무실적은 대부분의 다른 기업보다 좋을 것이다. '그리고' 그 후 회복기에는 그 실적이 상당히 강할 것이다. 경제성장률은 절대적인 견지에서 기업이 달성할 수 있는 성장의 정도를 끌어내고 동시에 제한하는 요인이다.

여기서 명목경제성장률과 실질경제성장률을 구분하는 것이 중요하다. 명목경제성장률은 다른 요인은 고려하지 않고 기본적으로 경제가 한 기간에서 다음 기간까지 성장한 비율 그 자체를 나타낸 것이다. 실질경제성장률은 훨씬 중요한 것인데, 명목경제성장률에서 해당 경제의 인플레이션율을 차감한 후의 성장률을 말한다. 명목경제성장률은 전체 스토리의 반만 말해주는 것이며, 말하지 않은 나머지 반은 물가의 방향에 관한 것이다. 심한 인플레이션은 위험하고, 가격이 전체적으로 하락하는 지속적인 디플레이션은 훨씬 더 위험하다. 경제 전반에 걸친 전체적인 가격 하락은 단기적인 경기호황을 경기침체로, 그리고 그에 이어 최악의 경우 1930년대 대공황을 초래했던 수준의 디플레이션 불황 deflationary bust으로 전환시킬 위험이 있다. 이는 악몽 같은 시나리오이며, 만약 발생할 경우 주식시장을 완전히 파괴할 수도 있다.

소비자들이 여기저기 비교하면서 쇼핑하고 가격을 낮추기 위해 점점 더 인터넷을 많이 이용하고 있는 오늘날, 호황과 불황은 일반적으로 과거보다 덜 확연하다. 적어도 20세기 기준으로 볼 때 인플레이션은 현재 수년 간 매우 낮은 수준에 머물러 있다. 이는 퀄리티 성장기업들이 그렇게 좋은 실적을 낼 수 있었던 또 하나의 이유이기도 하다. 요컨대 이들은 '저물가 세상에서도 가격을 올릴 수 있는' 몇 안 되는 기업에 속하는 것이다. 성장과 관련해 투자자가 직면하는 가장 큰 위험은 경제성장을 갑자기 멈추게 할 수 있는, 그리고 투자자가 통제할 수 없는 매우 희귀한 외부적 사건으로 인해 충격을 받는 경우다. 1970년대의 오일쇼크가 대표적인 예다. 초강대국 간의 무역전쟁이나 군사분쟁은 보다 최근에 발생한 사례라 하겠다.

2) 유동성

경제주기와 주식시장의 움직임은 세계경제 혹은 국가경제의 유동성의 양이라는 두 번째 변수에도 영향을 받는다. 대체로 유동성Liquidity이란 소비자, 생산자, 그리고 정부가 사용할 수 있는 자금의 양 혹은 지출력spending power을 말한다. 이는 다양한 형태로 나타난다. 거시경제적 의미에서 유동성은 은행 차입금처럼 유통되고 있는 혹은 이용 가능한 통화의 양을 말하며, 중앙은행들도 통화정책 운용을 통해 어느 한 시점에 이용 가능한 유동성의 양을 결정하는 데 깊이 관여한다. 미시경제적 의미에서 유동성은 기관 혹은 가계의 계정에 있는 투자되지 않은 자금의 양을 말한다. 가계에서 그것은 저축이며, 수입과 지출의 차액이다.

유동성은 경제에 기름칠을 해주는 윤활유일 뿐만 아니라 주식시장과 채권시장에 흘러들어가는 자금의 양에 큰 영향을 미치기 때문에 투자자들에게 중요하다. 요즈음 중앙은행들은 유동성과 관련된 모든 카드를 손에 쥐고 있다. 이들은 마음만 먹으면 원하는 대로 자금의 양을 제한하거나 늘릴 수 있는 능력을 갖고 있다. 이들은 인플레이션과 경제성장률을 컨트롤하기 위한 노력의 일환으로 이 능력을 사용한다. 세계금융위기 이후 중앙은행들은 아무런 근거 없이 최대한도로 무제한의 자금을 창출하기 위해 자신의 권한을 사용해 왔다(양적완화로 알려진 정책을 말한다). 그리고 이런 새로운 자금은 은행들이 보다 기꺼이 대출에 나서게 할 요량으로 은행시스템 재량에 맡겨졌다. 동시에 중앙은행들은 시중은행이 중앙은행에 예치한 예금에 이따금 마이너스 금리를 부과함으로써 은행들이 과도한 준비금을 쌓아두는 것을 그리 매력적이지 않은 일로 만들려고도 한다.

이 글을 쓰고 있는 2019년 하반기 시점에도 경제시스템에서 움직이는 유동성의 양은 여전히 풍부한데, 많은 사람들은 이런 풍부한 유동성을 지난 10년간 진행되었던 주식 강세장의 한 요인으로 보고 있다. 중앙은행들이 풀어놓은 유동성의 물결은 경제성장의 가장 중요한 두 동인인 가계의 소비와 기업의 자본적 지출을 억누르는 디스인플레이션 기대감disinflationary expectations(즉, 반인플레이션 정책에 대한 기대감)에 대응하기 위해 고안된 것이다. 예컨대, 손해를 보고 신발을 팔게 될 것으로 예상되면 신발제조업자는 신발 생산을 줄일 것이다. 마찬가지로 고객도 몇 달 후에 신발 가격이 더 싸질 것으로 믿는다면 지금 당장 신발을 사지 않고 미룰 것이다.

지난 몇 년간 경제성장은 세계적으로 둔화되어 왔는데, 이는 낮은 인플레이션과 더불어 주식시장과 채권시장에 중요한 영향을 미치는 또 다른 요인, 즉 금리를 억누르는 효과를 가져왔다. 저성장은 금리를 낮게 유지시켰는데, 이는 자금을 주변부에서 소비와 투자로 이동시키기 위한 것이었다. 금리는 투자포트폴리오의 유동성에 중요하다. 금리가 높을수록 고정수입 예금과 저축이 주식과 채권에 대한 대안으로 더 매력적인 상품이 된다. 또한 금리가 높을수록 기업들은 차입을 주저하게 된다. 이러한 두 개의 중요한 경향이 합쳐짐으로써 유동성은 점진적으로 감소하고 주식 매수에 대한 거리낌이 투자에 대한 무대책과 무능력으로 변한다.

투자자들은 중앙은행들의 정책은 물론이고, 특히 금리와 유동성 동향을 추적 관찰할 필요가 있다. 이 요인들은 금융시장에 유입되는 자금의 양 그리고 모든 종류의 기업들이 그 안에서 운영될 수밖에 없는 경제환경에 유입되는 자금의 양을 결정하는 매우 중요한 요인들이기 때문이다. 특히, 미국 연방준비은행과 다른 주요국 중앙은행들이 통화정책을 완화하거나 긴축하는 정도는 미래의 인플레이션율과 경제성장률에 핵심적인 변수이며, 따라서 기업 수익성의 미래를 좌우하는 핵심 동인이다.

3) 밸류에이션

투자자가 투자를 고려하고 있는 개별 퀄리티 성장기업의 밸류에이션Valuation(시장에서 평가된 가치. 가치 대비 주가 수준 등의 의미로 이해할 수 있다)을 판단하는 법에 대해서는 책 후반부에 가서 보다 자세히 다루게 될 것이다. 여기서는 전체 주식시장이 어떻게 평가되는지에 관한 문제를 다룰 것이다. 주식시장의 역할은 금리를 이용해 각 상장기업의 미래이익을 할인하여 이를 현재가치로 나타내는 것이다. 이 가치는 종종 PER주가수익배수로 표현되는데, PER은 개별 기업의 현재이익 대비 시장주가를 배수로 표현한 것이다. 시장 전체의 PER도 계산할 수 있다. 자금비용price of money, 요컨대 금리의 변동이 개별 주식 및 전체 시장의 PER에 영향을 미친다.

밸류에이션은 투자에서 가장 광범위하게 논의되는 주제 중 하나이며, 대부분의 투자자들은 이를 최우선 순위 중 하나로 살펴본다. 결국 이들은 주식 같은 어떤 투자 기회의 가격이 낮을수록 수익은 더 많이 올리고 손실은 더 줄일 수 있다고 생각한다. 반대로 그 투자 기회의 가격이 높을수록 평가손실이든 영구손실이든 돈을 잃을 가능성이 더 크다는 것이다. 이렇게 생각하는 투자자들은 가치투자로 알려진 투자스타일을 지향하는데, 전통적인 가치투자는 벤저민 그레이엄이 말한 이른바 넓고 강력한 안전망_{안전마진}을 가진 주식으로 특징지어진다. 벤저민 그레이엄에 따르면, 이 안전망은 해당 기업 재무제표에서 확인할 수 있는 순자산의 내재가치와 시장주가 간의 차이가 클 때 잘 확인된다.

따라서 투자자가 그 기업의 내재가치를 100으로 계산했는데 주가가 60이라면, 이 주식은 저가매수 대상이 되고, 주가가 70이나 80일 때보다 손실을 볼 리스크도 적어진다. 물론 이런 설명은 그 기업에 대한 가치평가가 정확한 것이란 가정에 기초한 것인데, 기업의 가치를 항상 정확하게 평가할 수 있는 것은 아니다. 그레이엄 추종자들의 경우 그 기업이 가진 순자산의 가치를 보고 기업에 대한 매수 및 매도 가격을 책정할 것이다. 그러나 자산은 무형자산을 포함해 다양한 모습이나 형태로 나타나기 때문에 자산의 가치를 정확히 평가하는 것은 그 자체로 만만찮은 하나의 과제다.[1]

전통적인 의미의 이런 가치투자는 과거에는 효과적이었지만, 지금은 덜 실용적이다. 개별 투자자산과 전체 시장 모두에 대한 가치를 평가하는 다른 많은 방법들이 있지만, 밸류에이션은 세 개의 시장 작동요인 중 성장과 유동성에 의해 결정되면서도 그 두 요인과 상호작용을 하기 때

---

[1] 벤저민 그레이엄은 그의 고전적인 심층가치투자 공식에서 시장주가가 그 기업이 공식 발표한 순유형자산(정확히는 순유동자산)보다 낮은 기업을 찾을 것을 주장했다.

문에 이 세 요인 중 가장 복잡하다. 기본적으로 말하면, 일반적으로 경제성장률이 높을수록(평균 이상의 이익 성장으로 이어지고 따라서 경제와 이익 성장이 느린 환경에서보다) 밸류에이션이 더 높아진다. 반면 유동성이 부족하면 어느 특정 밸류에이션의 신뢰성에 의문을 가질 수 있다.

금리도 전체 시장과 개별 기업의 현재가치를 구하기 위해 미래이익을 할인하는 비율, 요컨대 할인율을 결정하는 데 중요한 요인이다(다음에 이어지는 글 '채권시장과 금리' 참조). 현재 금리는 매우 낮은 수준이고, 다른 조건이 동일하다면, 이렇게 낮은 금리는 주가를 하락시키기보다는 상승시키는 역할을 할 것으로 예상된다. 그러나 많은 투자자들은 이런 저금리 환경은 비정상적이며, 심지어 인위적인 것이라고 믿고 있다. 이들은 미래이익을 할인하기 위해 사용되는 금리가 너무 낮으며, 이는 PER이 너무 높다는 것, 따라서 주식시장이 조만간 조정을 받게 된다는 걸 의미한다고 주장한다.

현재의 시장 밸류에이션에 대해 이런저런 주장을 할 여지는 많다. 나의 개인적인 견해는 밸류에이션이 과하다고 생각하는 비평가들이 틀렸으며, 이들은 현재의 표준이 된 저성장, 저인플레이션, 저금리를 가져온 뿌리 깊은 저변의 힘을 이해하지 못하고 있다는 것이다. 이를 이해하지 못한 일부 열정적인 가치투자자들은 지난 수년 간 매우 신중했고, 따라서 최근 진행되었던 역사상 가장 길었던 강세장 중 하나에서 그 기회를 잡지 못하고 말았다. 이에 대해서는 뒤에 가서 좀 더 살펴볼 기회가 있을 것이다.

퀄리티 성장투자자들이 얻어야 할 전체적인 교훈은 주식시장의 밸류에이션에 영향을 미치는 요인들을 이해하는 것은 자신이 책임져야 할 중요한 역할이라는 것이다. 성장, 유동성, 밸류에이션은 서로 결합해서 주식시장의 방향을 결정하지만, 이 세 요인은 여러 다른 그리고 복잡한 방식으로 결합할 수 있다. 성장과 유동성이 없는데도 밸류에이션이 매력적일 수 있고, 성장과 유동성이 풍부한데도 (2000년 닷컴버블 정점기에 그랬듯이) 밸류에이션이 너무 벅찬 수준일 수도 있다. 이 세 요인은 어떤 식으로든 조합이 가능하다. 이 글을 쓰는 2019년 하반기 시점에서 밸류에이션은 (아주 우수하다고 할 수는 없지만 꾸준한 경제성장과 풍부한 유동성이 결합된 데 힘입어) 적절한 수준이다. 그러나 이런 상황이 예기치 않게 급격히 바뀔 가능성은 늘 존재한다.

채권시장과 금리

주식과 채권 간에는 변하지 않고, 깨뜨릴 수 없는 관계가 존재한다. 학계와 경영대학에서 가르치는 것처럼, 장기국채가 제공하는 무위험이자율은 투자자가 잠재적인 모든 투자자산의 가치를 측정하는데 필요한 비교기준인 벤치마크 혹은 수용 가능한 최저수익률 hurdle rate이다. 잠재적인 주식자산의 가치를 평가할 때 핵심적인 이슈는 그 주식에 대한 투자를 통해 무위험이자율을 상회하는 추가 수익을 기대할 수 있느냐 하는 것이다. 적어도 무위험이자율을 상회하는 추가 수익이 있어야 그 투자가 정당화될 수 있기 때문이다. 투자를 정당화하는데 필요한 이 추가

수익률을 요구수익률required rate of return이라고 하는데, '주식 리스크 프리미엄'이라고도 한다.

주식에 프리미엄이 필요한 이유에 대해 주식이론에서는 주식이 국채보다 위험한 자산이며 따라서 (그렇게 추가로 위험을 부담하는 만큼) 주식의 수익률이 국채의 '무위험' 투자수익률을 초과해야 한다고 말한다. 또 이론에서 가르치기를 주식 리스크 프리미엄은 해당 지역의 안정성에 따라 국가별로 다를 수 있다고 한다. 예컨대, 아르헨티나나 베네수엘라는 독일, 프랑스 혹은 스위스보다 리스크 프리미엄이 높을 것이다.

경영대학에서 가르치는 이런 이론이 세상이 실제로 작동되는 방식을 정확히 나타내고 있느냐 하는 것에 의문을 제기할 수는 있지만, 분명한 것은 시장 금리로 표현되는 자금비용이 금융시장의 작동에 핵심적이고 지대한 영향을 미친다는 것이다. 채권보다 주식에 흥미를 느끼는 많은 투자자들은 채권시장이라는 '개(몸통)'가 주식시장이라는 '꼬리'를 늘 흔들어대고 있다는 사실을 간과하고 있다. 금액상으로도 채권시장은 주식시장보다 크다. 전 세계 주식거래소에 상장된 고정수입증권(채권)의 시가총액은 주식의 시가총액보다 크며, 두 시장 간 규모의 차이는 갈수록 훨씬 더 커지고 있다.

2000년대 처음 10년 동안 채권시장의 규모는 미국경제보다 더 빠르게 성장했다. 2010년에 와서 발행된 모든 고정수입증권의 달러화 가치는 모든 상장주식 시가총액의 거의 두 배가 되었다. 채권시장은 중앙은행까지를 포함한 모든 경제주체들의 행동을 결정하는 데 영향을 미치는 가장 중요한 요인이다. 또한 채권시장은 자금비용의 결정요인이기도 하다. 리스크를 보다 효과적으로 측정하는 데 도움이 되는 한, 채권시장의 심도가 더 깊어지는 추세는 주식투자자들에게도 환영받아야 할 일이다.

2008년 세계금융위기 이후 각국 정부가 은행시스템에 새로운 자본규제를 부과하기 시작함으로써 채권시장의 중요성은 더 커졌다. 이런 새로운 규제가 의미하는 것은 은행들이 대출에 더욱 신중하라는 것이었다. 은행 대출이 감소함에 따라 자금이 필요한 기업들은 점점 더 회사채시장에 의존할 수밖에 없게 되었는데, 이는 회사채시장의 급성장에 기름을 붓는 역할을 했다.

그 결과 주식투자자들이 국채시장뿐 아니라 채권시장 전반의 수익률 동향을 파악하는 것이 훨씬 더 중요해졌다. 1980년대까지 영국시장에서 회사채 발행이 없었다는 사실을 지금의 투자자들이 기억하기란 쉽지 않을 것이다. 이와 비슷하게 미국에서도 (때로는 정크본드라고도 하는) 고수익채권이 그야말로 제로에서 출발해 지금은 수조 달러에 이르는 시장이 되었다.

주식투자자에게 자금비용 문제가 그렇게 중요한 이유는 무엇일까? 그것은 금리가 주가 방향에 가장 중요한 영향을 미치기 때문이다. 주식시장이 하는 일은 기업이 미래에 벌어들일 이익을 오늘 현재의 가치로 평가하는 것이다. 이때 금리는 기업의 미래이익의 현재가치를 결정하는 할인 메커니즘을 제공해준다. 무위험이자율 혹은 그와 가능한 유사한 것이 그런 할인 작업의 기초로 필요하다.

다른 조건이 동일하다고 가정할 경우, 할인율이 상승하면 기업의 미래이익의 현재가치는 감소하게 될 것이고, 따라서 주가는 더 낮아질 것이다. 반대로 할인율이 하락하면 미래이익의 현재가치는 높아지고 주가는 전반적으로 상승하게 된다. 그러나 실제로 시장금리와 주가 간의 정확한 관계는 결코 이렇게 단순하지 않다.

예를 들어, 역사적으로 볼 때, 무위험이자율은 일반적으로 10년 만기 국채수익률에서 가져왔으며, 여기에 관련된 주식 리스크 프리미엄을 붙였다. 그러나 금리가 정책적으로 매우 낮게 유지되고 있고 세계금융위기 이후 국채가격이 급등한 시기에도 그런 방식이 여전히 적절한 것일까? 퀄리티 성장투자자들이 좋아하는 오랫동안 수익을 제공해 주는 수명이 긴 기업들에게 부과할 가장 적절한 주식 리스크 프리미엄은 무엇일까? 이런 중요한 이슈들은 다음 장에서부터 자세히 살펴볼 것이다.

강세장과 약세장

강세장과 약세장은 언제나 금융역사를 장식한 사건이었고, 모든 투자자들의 기본적인 연구주제이기도 하다. 역발상 투자자가 되는 것의 중요성, 그리고 어떻게 해서 어느 한 시점에 있었던 다수의 기대가 틀린 것으로 밝혀질 수 있는지에 대해 많은 주장이 있다. 그러나 역발상 투자자가 되는 것 그 자체가 목적이 되서는 안 된다. 역발상 투자는 시장 변곡점에서만 용기 있는 투자자들에게 보상을 주는데, 시장 변곡점은 그것이 발생한 '후' 지나버릴 때까지는 알아내기 거의 불가능하기 때문에 과거의 변곡점을 기억하는 능력이 중요하다.

시장주기 전환점에서는 탐욕이나 공포의 명백한 징후들이 나오는 경우가 많다. 탐욕의 징후들이 분출될 경우, 조심성은 바람 속에 사라지고 수익에 대한 기대가 모든 리스크 개념들을 눌러버린다. 시장이 매일 매주 상승하는 것을 투자자가 목격한다면, 그리고 주변의 모든 사람이 돈을 벌고 있고 그것을 자랑하고 있다면, 시장 정점이 다가왔음을 알려주는 증거일 가능성이 높다. 그런 시점에 열광하는 군중에 합류하는 것은 돈을, 보통은 영구적으로 돈을 잃는 전조가 된다.

시장주기 저점에 가장 잘 나타나는 공포의 경우에는 투자자들이 투자기회에 눈과 귀를 닫아버리기 때문에 그 반대 현상이 벌어진다. 일부는 영구적인 자본손실을 입고는 시장에 다시 돌아오지 않겠다고 맹세하기도 한다. 이들은 시장주기 바닥에서 시장을 떠나기 때문에 처음에는 시장 하락의 맹타를 피한 것에 기뻐하지만, 나중에는 결국 기회를 놓친 것을 후회하게 될 뿐이다.

예를 들어, 2009년 봄 시장에는 낙관이라고는 거의 혹은 전혀 찾아볼 수 없었다. 많은 시장참여자들이 하도 두들겨 맞아 그로기 상태에 있었다. 주식시장은 퀄리티 주식과 정크 주식을 거의 구별하지 않고 있었다. 퀄리티 성장기업들도 말도 안 되게 낮은 가격에 거래되고 있었다. 그런데 이것은 역사상 가장 좋은 매수기회 중 하나였다. 그 기회를 잡을 정도로 용기 있던 사람들은 그 후 높은 수익을 얻었다.

또 다른 예는 2018년 처음 몇 주 동안 있었다. 이 당시 압도적인 다수의 투자자들은 장기 채권수익률이 곧 최근의 역대 고점을 돌파하고 인플레이션 기대 속에 상승해 주식의 배당수익률과 이익수익률에 도전할 것이라고 믿었다. 그런데 이들 다수의 투자자들이 틀렸다. 채권수익률은 상승하지 않았고, 인플레이션도 도래하지 않았다. 주가가 도전을 받았다면, 그것은 다른 요인들에 의한 것이었다.

감정이 지배하지 못하도록 이성을 보호하기 위해 투자자는 주기적으로 세 걸음 물러나 보다 큰 그림을 볼 필요가 있다. 앞서 언급한 것처럼 투자자가 가장 기본적으로 고려해야 할 보다 큰 그림은 성장, 유동성, 밸류에이션이라는 3대 요인이다. 시장주기의 전환점을 찾는 것이 쉽다면, 투자는 훨씬 쉬운 일이 될 것이다. 그러나 이런 3대 요인에 대한 신중한 분석은 경험이 주는 혜택과 결합해 다수의 판단오류를 통해 오히려 수익을 올릴 수 있는 최고의 기회를 제공해 줄 수 있다.

정치적, 경제적 영향력

현재의 주도적인 경제정책이 급변할 가능성이 별로 없다면, 선진국의 경우 정치적 동향이 (자주 언론의 헤드라인을 장식하더라도) 시장에 지속적으로 큰 영향을 끼치지는 않는다. 정치적 동향이 보다 중요해지는 시기는 정부 교체의 가능성이 보다 현실화되는 선거 직전의 기간이다. 역사적으로 볼 때 투자자들은 좌파정책을 가진 정부가 승리할 것으로 예상되면 우려하는 경향이 있고, 중도우파 정부가 승리할 것으로 예상되면 보다 안심하는 경향이 있다. 그런데 이런 우려는 대개 일시적인 것으로 밝혀지며, 처음의 예상은 투자자들에게 보다 직접적인 중요성을 가진 사건들에 의해 곧 묻히게 된다.

경제에 국가의 역할을 증대시키려는 좌파 성향의 정부가 들어설 경우 주식시장 실적은 정부 개입 여지가 상대적으로 적었던 우파정부 시기보다 나쁠 수 있지만, 이는 항상 그렇게 단순한 것은 아니다. 예컨대, 2016년 미국 대선에서 도널드 트럼프가 승리한 경우가 그렇다. 부동산 개발업자로서 (항상 성공한 것은 아니지만) 오랜 경력을 가진 공화당 후보의 당선은 경제에 대한 정부 간섭이 감소할 것이라는 전망을 높여주었다.

그래서 곧 경기주들의 주가가 상승했으며, 퀄리티 성장기업의 주가는 지지부진했다. 전임자인 오바마의 여러 정책들을 철폐하겠다는 트럼프의 약속은 헬스케어주와 은행주에 즉각적이고 긍정적인 영향을 미쳤다. 금리와 장기 채권수익률은 '트럼프플레이션 Trumpflation'으로 명명된 현상(그의 정책이 인플레이션율을 높일 가능성)에 대한 기대로 한동안 상승했다. 달러화도 강하게 상승했는데, 이는 부분적으로 해외자산의 본국 환원 가능성 때문이기도 했다.

그러나 곧 "정치인은 선거운동은 시로 하고 통치는 산문으로 한다"는 전 뉴욕주지사 마리오 구오모 Mario Guomo가 한 지혜로운 말이 떠오른다. 트럼프의 대선 승리 후 몇 개월도 못가 선거기간 중 인기를 끌었던 트럼프플레이션 관련 공약들은 폐기되었고, 주식시장은 반대로 가기 시작했다. 또 한편 중국 및 여타 국가들과 보호무역주의 설전을 개시함으로써 러스트벨트 지역 노동자층의 지지를 강화하려는 트럼프의 노력도 투자자들을 당황하게 만들기 시작했다. 철강과 알루미늄에 대한 수입관세 발표는 승자가 없을 무역전쟁의 전망을 높였다. 아마존과 페이스북 같은 미국의 대형 IT기업에 대한 트럼프의 구두공격도 투자자들은 놓치지 않았다. 그러나 이런 우려 중 어느 것도 2019년 미국 주식시장이 역대 최고점에 도달하는 것을 막지는 못했다.

경험에 따르면 잠재적으로 해로운 정치적 상황을 찾는 것은 그것이 미칠 수 있는 충격을 평가하는 것보다 쉽다. 많은 관심을 끌었던 한 가지 관련된 사례는 러시아가 다른 국가들의 민주주의 과정에 개입했다는 강력한 의혹이다. 소셜미디어를 통해 국경을 넘어 사람들의 태도와 행동에 영향을 미칠 수 있다는 것이 분명해졌다. 초기 사례는 몇 년 전 있었던 아랍의 봄 항의시위에서 확인할 수 있다. 보다 최근에는 트럼프가 승리한 미국 대선에 러시아가 개입했다는 비난을 받고 있다. 어떤 사람들은 러시아가 유럽연합을 분열시키고 약화시키기 위해 영국의 브렉시트 투표결과에 어떤 영향을 미쳤을지 모른다고 의심하기도 한다.

브렉시트를 결정한 국민투표가 있은 지 3년이 지난 지금까지도 영국은 아직 유럽연합을 완전히 떠나지 못했지만, 브렉시트 국민투표 자체는 이미 금융시장에 큰 충격을 가했다. 영국 스털링화의 외부가치는 30년 전 수준으로 떨어졌다. 이는 보다 경쟁력 있는 환율을 이용할 수 있게 된 영국의 많은 수출기업들의 주가를 올렸지만, 이와 대조적으로 많은 내수기업들의 주가는 하락했고 투자자들의 관심에서도 크게 멀어지게 만들었다.

그러나 영국이 언제, 어떤 식으로 유럽연합을 떠날지(혹은 과연 떠날지)는 아직 확실히 알 수 없다. 경제와 금융시장의 결과는 새로운 무역 협정을 협상하고 글로벌 교역과 금융에서 영국이 담당할 미래의 역할을 결정하는 영국의 능력에 상당부분 달려있다. 만약 영국 스털링화가 국제거래에 대한 금융지원에서 주도적인 역할을 상실하거나 그전보다 갈수록 적게 사용된다면, 영국 투자자산 포트폴리오에 큰 영향을 미칠 것이다. 세계금융중심지로서 '시티 오브 런던'의 역할이 약해지고 그곳의 업무가 다른 곳으로 옮겨간다면, 그 피해는 상당할 것이다. 이런 경우, 정치적 상황이 투자자들에 매우 큰 영향을 미친 것으로 밝혀지게 될 것이다.

반면 영국이 글로벌 경제와 금융에서 계속 주도적인 역할을 한다면, 정치는 투자자들에게 부차적인 역할을 하는 정상상태로 돌아갈 것이다. 만약 총선이 있고, 그 결과 현 노동당 당수 제레미 코빈Jeremy Corbyn이 이끄는 극좌 반자본주의 정부가 들어선다면 아주 다른 결과가 나올 것이다. 노동당은 민간 자산의 헐값 몰수 및 화폐 인쇄를 통한 자금조달 등에 기초한 공공지출의 대규모 확대를 포함한 일련의 매우 다른 정책을 도입하겠다고 공언하고 있다. 이런 일이 벌어지게 되면, 주식시장에(퀄리티 성장기업들에게조차 부정적인) 매우 급격한 충격이 가해질 수 있다.

똑같은 불확실성이 유럽연합의 미래에도 적용된다. 많은 국가에서 좌우를 막론하고 포퓰리즘 정치인들이 유럽연합 역사의 많은 부분을 이끌었던 중도주의 정책을 위협하는 급진적인 정책들을 제안하고 있는 중이다. 이런 정책들 중에는 특별한 조치가 없으면 피할 수 없는 세계화와 외국의 영향에서 국가경제를 보호하기 위한 정책들도 많이 포함되어 있다. 이는 국제적이든 국내적이든 유럽 기업들의 실적에 큰 영향을 미칠 수 있다.

반反기성정당의 부상을 보여주는 가장 현저한 사례는 2018년 3월 이탈리아 의회선거에서 있었다. 이때 정책이 매우 다른 두 정당인 동맹League(본래 명칭은 북부동맹Lega Nord, Northern League)과 오성운동Five Star Movement이 충분한 과반수를 획득해 연립정부를 구성했다. 지출은 늘리면서도 세율은 낮추려는 이 정부의 계획을 금융시장이 재빨리 파악했고, 따라서 시장은 급격히 하락했다. 유럽 전역에 걸쳐 곧바로 도미노 효과가 이어져서 채권수익률은 벤치마크인 독일 국채수익률과 그 격차가 크게 벌어졌다.

유럽에서 가장 대표적인 곳만 들자면 특히 스페인, 이탈리아, 스코틀랜드에서 지역 분리독립이나 자치에 대한 요구가 커지고 있다. 유럽으로 유입되는 이민자 문제에 대한 우려는 민족주의운동을 촉발시켰다. 그러나 여기서도 마찬가지로, 유럽이 지난 30년 동안 누려왔던 경제자유화가 보호주의로 대체되어 인플레이션과 금리가 더 높아지게 될 것인지 예측하기란 아직 너무 시기상조다. 만약 이런 일이 벌어지면 타격을 받지 않을 투자자는 없을 것이다.

경제를 보다 직접적으로 통제하려는 경향이 많은 개발도상국의 경우, 금융시장에 대한 정치적 영향력은 다소 다른 문제다. 예를 들어 2015년 중국 정부는 인프라와 여타 자본프로젝트에 중점을 두던 경제정책을 소비지출을 더욱 장려하는 쪽으로 전환하기 시작했다. 결과적으로 상품commodities과 원자재에 대한 중국의 대규모 수요는 감소했으며, 이는 2016년에 들어와 세계경제의 성장 둔화와 전 세계 금융시장의 격한 반응을 유발했다. 그런데 이 경우 경제 데이터를 통해 투자자들의 갑작스런 비관이 너무 지나쳤다는 것이 밝혀지자 경제 붕괴에 대한 공포가 누그러졌다.

중남미에서 투자자들은 훨씬 안 좋은 경험을 한 바 있다. 과도한 부채를 가진 폐쇄적인 이들 국가에서는 불만에 찬 유권자들 사이에 경제적 외국혐오와 계급 간 적대감이 만연한 경우가 많다. 최근 아르헨티나는 민간 연기금을 국유화했으며, 베네수엘라는 외국인 소유의 현지 에너지기업의 소유권을 강탈함으로써 필요한 외국 투자자들을 겁줘 쫓아내고 말았다. 중남미에서 자본시장, 특히 채권시장은 발전되지 않았다. 적대적인 정부정책은 중남미지역 주식시장 상장기업에 직접 투자하는 사람은 누구든 심각한 영구적인 자본손실 리스크를 감수해야 한다는 것을 의미한다(그러나 다행히도, 당연한 일이지만, 퀄리티 성장투자자의 기준을 충족시키는 기업은 이들 국가에서는 거의 찾아볼 수 없다). 지난 50년 동안 이들 국가에서 아주 주기적으로 새로운 출발을 하곤 했지만, 대개의 경우 이는 잘못된 것으로 밝혀졌다.

되풀이 되는, 잠재적으로 걱정해야 할 또 다른 문제는 지정학적인 문제다. 2017년 북한 김정은의 신뢰할 수 없는 행동이 북한의 핵실험 및 핵개발 노력과 관련해 큰 이목을 끌었다. 북한이 가진 의도의 불확실성은 일정 기간 주식시장의 변동성을 촉발했다. 김정은과 도널드 트럼프의 회담과 그 후 둘 간의 짧은 '브로맨스'는 상황이 악화될 긴박한 리스크는 줄여준 것으로 보인다. 그럼에도 불구하고 만약의 사태는 완전히 무시할 수 없으며, 금융시장은 분명 그러한 리스크를 알아챌 것이다.

금융시장 움직임에 영향을 미치는 정치적 요인의 역할은 결코 무시할 수 없다. 투자자들은 현상이 변화했다는 것을 인지하기만 하면 그에 신속히 반응하며, 자주 그렇지만 실제는 좀 다른 것으로 밝혀지기까지는 다소 시간이 걸린다. 퀄리티 성장투자자들에게 한 가지 좋은 뉴스는 정치적 요인에 따른 충격은 보통 일시적이며 대부분의 경우 그가 투자한 기업의 실적과는 별 관련이 없다는 것이다.

엄격한 퀄리티 성장요건을 충족하는 건실한 기업은 우리가 계속 규제가 없고 자유로운 세계경제 속에서 살아가는 한 지속적으로 견고한 이익을 낼 것이다. 이들의 수익력은 정치인에 의한 경제운용의 사소한 변화에 크게 영향을 받지 않을 것이다. 강력한 성장 실적을 달성하는 과정에서 이들은 이미 여러 사건과 상황에 적응할 능력이 있음을 증명해왔다. 이들의 시장주가가 억눌리는 기간이 있을 수 있지만, 일반적으로는 그것이 이들 기업의 장기적인 잠재력에는 영향을 미치지 않는다.

장기적 수익을 견인하는 힘

성장, 유동성, 밸류에이션이라는 거시적인 고려사항들은 전체적인 시장 상황을 알려주는 하나의 지침 역할을 할 것이다. 그러나 퀄리티 성장기업 포트폴리오의 장기적인 수익을 견인하는 힘은 지금 화제가 되고 있는 헤드라인 뉴스들과는 대부분 별 관계가 없는 것이다. 온라인결제의 성장과 인터넷쇼핑 같은 추세는 분명 특정 기업들의 사업모델과 깊은 관련이 있으며, 그런 의미에서 요란한 정치적 쇼보다 더 많은 관심을 받아야 한다. 그러나 채권수익률과 통화정책의 추세는 시장과 경제주기를 분석하는데 근본적인 요인일 뿐만 아니라 여러 기업에 대한 가치평가에 핵심적인 요인이기도 하다. 퀄리티 성장투자자가 채권시장을 무시한다면 위험을 각오해야 한다.

고퀄리티 성장기업이 어떤 외부적인 위협으로 주가가 억눌리게 되면, 주의 깊은 투자자는 그 보유량을 확대하는 기회로 활용할 수 있다. 모멘텀은 주가를 형성하는 강력한 단기적인 요인이며, 모멘텀에 의해 한 좋은 기업의 주가가 내재가치에서 벗어날 수 있다. 그러나 투자자가 외부적인 위협이나 불리한 모멘텀에도 불구하고 그 기업의 기본적인 수익창출 능력이 온전하다는 것을 확신하는 한, 그런 상황에서 그 기업의 보유량을 늘리는 것은 신념에 따른 행동을 하는 것이라기보다는 비즈니스를 잘 하는 것이다. 타인들의 감정적인 반응 때문에 그의 투자대상 유니버스에 포함된 좁은 범위의 퀄리티 성장주식들의 가격이 일시적으로 잘못 책정된다면, 이는 항상 포트폴리오 가치를 증대시킬 기회가 된다.

제 2 부

•

'인생주식' 어떻게 투자할 것인가?

Quality Growth

3장

인생주식을 찾는 10가지 황금법칙
The Ten Golden Rules

　이번 장에서는 퀄리티 성장투자자가 추구하는 기준들을 충족시키는 최고의 주식을 찾기 위한 '10대 황금법칙'을 소개할 것이다. 나는 30년이 넘는 경험과 분석을 통해 이 10가지 규칙을 얻게 되었다.

　우리가 퀄리티 성장투자에 대해 이야기 할 때는 '퀄리티'와 '성장'이란 말을 구체적이고 대부분은 측정 가능한 의미에서 사용하고 있음을 알아둘 필요가 있다. '퀄리티'는 해당 기업의 재무상태, 보유한 자산의 질, 그리고 경영진의 능력에 의해 판단된다. 퀄리티의 4개의 축은 다음과 같다.

- 기업의 과거 실적
- 재무상태

- 그 기업이 채택하고 있는 회계원칙
- 기업지배구조(기업이 경영되는 방식)

그리고 '성장'은 해당 기업이 다음 지표들을 증대시키는 능력으로 측정한다.

- 매출액
- 이익률
- 현금흐름

장기적으로 한 기업의 주가 상승은 그 기업의 이익 증가와 밀접히 그리고 논리적으로 관련되어 있다. 그러나 모든 기업이 다 그런 것은 아니다. 부채가 많은 기업의 주가는 해당 부채비용 그리고 그 부채를 차환할 때의 금리에 영향을 받는다. 또 이 기업의 주가는 그 기업이 파산할 리스크에 대한 시장의 시각도 반영하게 된다.

그리고 신흥국 시장에 상장된 기업의 주가는 해당국의 컨트리 리스크 프리미엄country risk premium의 영향도 받을 수 있다. 그 국가가 정치적, 통치적 리스크가 더 큰 국가로 인식될수록 투자자는 더 높은 수익을 요구하게 될 것이다. 여기서 중요한 것은 이런 영향들은 해당 기업이 통제할 수 없으며, 그 기업과 별개로 금융시장에 의해 형성된다는 것이다.

퀄리티 성장투자자는 이런 외부적인 변수들이 가장 중요한 성장의 기본요인들, 즉 매출액, 이익률, 현금흐름을 방해하는 것을 원치 않는다. 부채가 거의 없는 강력한 재무상태라는 투자원칙을 고수하고 신흥시장 상장이라는 보다 큰 리스크를 피하면, 그 기업의 장기 성장 전망은 보다 확실히 주주 수익에 반영된다.

그리고 일단 한 기업의 퀄리티와 성장이 확인되고 투자가 이루어지면 이제 인내가 필요하다. 드디어 예상한 성장이 현실화되면, 투자자는 우수한 주가 실적으로 보상을 받을 수 있다는 확신을 가질 수 있다. 그러나 여기에는 시간이 필요하다. 인내가 그렇게 중요한 것은 바로 이 때문이다.

퀄리티 성장주식이 매일매일의 시장 분위기와 변동에서 결코 완전히 자유로울 수는 없지만 튼튼한 재무상태를 기반으로 이들의 장기적인 이익 증가가 지속되고 평균 이상을 유지하는 한, 퀄리티 성장주식의 장기 실적은 보장된다. 역대 자료를 조사해보면 이는 경험적으로 관찰 가능한 사실이다.

(참고로, 퀄리티 성장주식의 주가가 미래의 이익 증가를 미리 반영하는 경우도 있을 것인데, 이는 투자자에게 당황스러운 일이 될 수 있다. 실제로도 확인할 수 있는 이런 경우는 어떤 특정 시점에 공개적으로 이용가능한 모든 정보는 그 시점에 주가에 반영된다는 기존의 효율적 시장가설에 배치되는 것이다. 효율적 시장가설은 심층연구를 통해 널리 알려지지 않은 기업의 숨겨진 일들을 밝혀낼 수 있다는 사실과 시장의 비합리성을 무시하기도 한다. 주식시장이 안 좋은 날 주가가 전반적으로 하락할 경우 이것이 과연 주가가 떨어진 모든 기업들의 사업전망 악화를 반영하는 것인가? 이런 주가 하락은 그저 시장이 좋지 않은 날 그날 하루의 결과일 뿐이며 다시 회복될 수 있는 것이다.)

'최고의 기업' 찾는 법

여기서는 퀄리티 성장투자자가 포트폴리오를 구축하는 첫 단계를 소개할 것이다. 그 첫 번째 단계는 최종 포트폴리오에 편입할 후보 기업군, 즉 투자대상 유니버스를 확정하는 것이다. 이를 위해 먼저 해당국가 혹은 그 기업이 사업을 하고 있는 국가의 GDP 성장률보다 성장률이 높거나 높아지고 있는 산업을 찾아야 한다. 이 과정에서 투자자는, 예컨대 최근의 가장 현저한 두 사례를 들자면, 현금 없는 결제로의 이행 추세나 온라인쇼핑의 증가 같은 경제행위의 패러다임 전환에 주목해야 한다. 그 다음 보다 자세히 수행해야 할 과제는 다음 10가지 특징에 기초해 해당 산업에서 최고의 기업들을 찾는 것이다.

1. 확장 가능한 사업모델
2. 소속 산업의 우수한 성장성
3. 지속적인 산업 주도력
4. 지속가능한 경쟁우위
5. 강력한 유기적 성장
6. 사업대상 지역 및 고객의 건전한 분산
7. 낮은 자본집약도와 높은 자본수익률
8. 튼튼한 재무구조
9. 투명한 회계
10. 우수한 경영진과 기업지배구조

이 모든 까다로운 기준을 충족시킬 수 있는 기업은 많지 않으며, 이 사실을 아는 데는 그리 오랜 시간이 걸리지 않는다. 현재 OECD 국가에는 약 5만 개 기업의 주식이 상장되어 있다. 그리고 이 가운데 우리가 정한 기준을 모두 충족시키는 기업은 60여 개에 불과하다. 우리 세일런 투자운용은 이런 스크린 과정을 주기적으로 진행하며 체크한다. 그러니까 현재 우리의 투자대상 유니버스의 규모는 60개 기업 정도인 셈이다.

이런 스크린 과정을 통해 투자대상 유니버스로 선정되는 기업들이 아주 의외인 경우는 드물다. 왜냐하면 이런 기준을 충족시킬 수 있는 기업들은 보통은 이미 잘 알려진 기존의 기업들이기 때문이다. 퀄리티 성장투자에는 스타트업 기업은 포함시키지 않는데, 그것은 투자대상 유니버스에 포함시킬 때 살펴보는 가장 중요한 기준이 해당 기업이 '지금까지 기록한 수익성과 성장성의 지속적인 실적'을 확인하는 것이기 때문이다. 지배적인 시장지위도 '지속가능한 경쟁우위'라는 기준에 필요한 한 요소가 될 수 있다.

이런 점에서 산업재 기업들industrial companies이 환상적일 수 있다. 예를 들어 물펌프의 경우를 보자. 100년 전에 설치된 물펌프와 오늘날의 물펌프는 공통점이 거의 없다. 그러나 지금 시장에서 최고의 펌프는 여전히 같은 회사인 자일럼Xylem이 만들고 있다. 어떻게 이런 일이 가능할까? 장기적으로 중요한 것은 경제주기의 부침을 헤쳐 나가는 회사의 능력뿐 아니라(재무상태가 제대로 된 기업이라면 대부분 이런 경제주기를 극복하고 살아남는다), 끝없이 진행되는 제품혁신주기를 주도하고 이와 함께 하는 능력이다.

혁신은 여러 방식으로 퀄리티 성장기업에 영향을 미친다. 첫째, 이들 중 어떤 기업은 혁신이 별로 없는데, 그들이 인정하든 아니든, 유니레버Unilever(생활용품)나 다논Danone(식료품) 같은 필수소비재업체가 여기에 속한다. 이런 기업은 연구개발에는 거의 지출하지 않으면서 마케팅에는 많은 지출을 하는 경향이 있다. 최근 많은 대기업은 비용 효율성에 대한 관심에서 결정과정을 중앙집중화 하기 시작했다. 이를 통해 비용을 절약하고 이익은 늘렸지만, 일부 핵심 시장에서 현지 경쟁기업들이 현지 소비자들의 기호 변화에 대한 대응속도와 제품혁신의 측면에서 앞서 나가는 것을 허용하고 말았다. 변화하는 시장에 대한 대응속도의 부족으로 이들은 해당 시장의 점유율을 잃고 사업모델의 한 부분을 접기 시작했다.

두 번째는 혁신을 중시하지만, '장기적인 주기로 혁신'을 추구하는 퀄리티 성장기업들이다. 예컨대 결제방식은 매년 변하는 것은 아니다. 그러나 지속적으로 혁신에 충분히 투자하는 대기업은 경쟁자보다 나은 상태를 유지할 수 있고, 따라서 경쟁자가 추격하기 더 어려운 기업이 되고 있다. 이런 그룹에 포함되는 기업은 오토매틱 데이터 프로세싱Automatic Data Processing, 마스터카드Mastercard, 다쏘시스템Dassault Systèmes 등이 있다.

세 번째는 혁신이 매우 빠르고, 혁신이 기업 생존에 매우 중요한 퀄리티 성장기업들이다. 이 경우 기업이 혁신을 중단하고 변화하는 시장 역학에 적응하지 못하면, 그 기업은 빠르게 사라지고 만다(지금 누가 한때 카메라 필름시장을 지배했던 코닥을 기억하겠는가?). 빠르게 변화하는 혁신 환경 속에서 번영을 구가해 온 좋은 예는 양수기술 부문에서 자일럼, 유체처리시스템 부문에서 그레이코Graco, 도어와 도어락 부문에서 아사아블로이Assa Abloy 등이 있다. 이들 퀄리티 성장기업들은 제품의 높은 전환율turnover, 신제품으로 바뀌는 정도에도 불구하고 해당 산업의 주도적 지위를 유지하고 있다.

The Ten Golden Rules
1. 확장 가능한 사업모델

퀄리티 성장기업은 확장 가능한 사업모델을 갖고 있어야 한다. 이것은 무슨 의미일까? 가장 기본적으로 확장 가능한 사업모델이란 기업이 지속적으로 매출과 이익을 증대시키는 것이 가능한 사업모델을 말한다. 그 기업이 생산하는 제품이나 서비스 시장이 충분히 크고 열려 있어서 회사의 지속적인 성장을 흡수해야 한다. 이것이 핵심이다. 회사의 성장을 흡수하지 못할 정도로 시장이 너무 작거나 폐쇄적이면 회사의 매출과 이익은 필요한 비율로 성장할 수 없다. 확장 가능성을 달성하는 여러 방법은 바로 이런 기초 위에서 가능하다.

다음은 확장 가능성 기준을 충족시키는 사업모델의 주요 사례다.

1) 플랫폼모델

　가장 순수한 형태의 플랫폼은 분리된 서로 다른 그룹들, 대부분의 경우 어떤 상품이나 서비스의 생산자, 그 창안자, 그리고 소비자들 간의 상호작용을 창출해내는 메커니즘이다. 플랫폼모델의 성공은 지속적으로 수입(매출)이 증가할 수 있는 여지와 사업비용을 통제할 수 있는 능력, 이 두 가지 요소에 달려 있다. 이 메커니즘은 간단하게 이해할 수 있다. 요컨대 플랫폼기업은 인프라에 투자해 성장을 뒷받침해야 하는데, 인프라에 대한 투자는 기본적으로 최소화되어야 한다. 플랫폼모델 안에는 두 개의 대표적인 하위모델이 있는데, 그것은 가격확장 플랫폼모델과 매출확장 플랫폼모델이다.

　가격확장 플랫폼기업은 안정적인 비용기반을 갖고 있으며, 매출 증가는 대부분 가격결정력pricing power을 통해 창출한다. 영국의 부동산 포털인 라이트무브Rightmove가 이런 모델로 사업을 하고 있다. 라이트무브는 최종소비자(영국의 잠재적인 주택 구매자)에게 광범위한 영국의 부동산 매물 목록을 제공한다. 그리고 라이트무브의 고객들은 부동산중개업자들이다. 부동산중개업자들에게는 잠재적인 부동산 구매자에게 접근하는 것이 사업에 핵심적인 일이고, 이를 위해 기꺼이 비용을 지불하면서 자신의 매물을 라이트무브에 올린다. 그 결과 라이트무브는 시장 성장의 대부분을 독차지했다. 매우 지키기 용이한 이런 지위 덕분에 라이트무브는 가격을 올림으로써 사업 규모를 계속 확장할 수 있다. 라이트무브에 매물 목록을 올리는 것 말고는 다른 적절한 대체수단이 없기 때문에 시장도 기꺼이 이런 가격 인상을 수용하고 있다.

매출확장 플랫폼모델은 가격결정력보다는 매출 확대로 사업을 키우는 모델이다. 이 경우에도 비용기반은 안정적이며, 수입 증가 대부분은 제품 매출 증대를 통해 이룬다. 바로 이것이 카드기반 결제에 대한 인프라를 제공하는 결제망회사 마스터카드의 핵심 사업이다. 마스터카드는 지속적인 수입 증가 여지와 비용통제 가능성이라는 플랫폼모델 성공의 두 요소를 모두 충분히 갖고 있다. 선진국과 개발도상국 모두에서 지속적으로 증대되고 있는 카드기반 거래의 채택은 마스터카드의 지속적인 수입 증가를 견인하고 있으며, 향후 오랫동안 그 증가세가 계속될 전망이다. 동시에 이런 거래를 처리하는데 필요한 인프라는 각각의 추가 사용자 증가에 소요되는 한계비용marginal cost이 낮다는 의미에서 준고정적semi-fixed이다.

2) 생산능력 기반 모델

확장 가능한 사업모델의 두 번째 대표적 사례는 생산능력 기반 모델이다. 이는 기업이 신규 생산능력capacity을 추가함으로써 생산량을 늘리면서 성장을 창출할 수 있는 모델이다. 플랫폼모델과 마찬가지로 여기서도 시장이 추가 성장을 흡수할 수 있느냐 하는 것이 중요하다. 이 모델의 대표적인 예는 일본의 로봇제조사 화낙Fanuc이다. 화낙이 로봇을 만들기 위해 사용하는 생산설비는 고도로 자동화되어 있다. 일단 이런 생산설비가 전량 가동 상태에 이르면, 로봇에 대한 수요는 충분히 견고하기 때문에 화낙은 과하지 않은 자본배분자본적 지출 범위 안에서 새로운 설비를 추가해 생산량을 늘릴 수 있다.

'확장 가능한 사업모델은 해당 시장이 성장할 여지가 남아있는 한에서만 좋다'는 것을 강조할 필요가 있겠다. 많은 기본소비재회사들은 사업모델을 효과적으로 확장하기가 점점 어려워지고 있다. 이들은 경쟁력을 유지하기 위해 고비용의 인수합병에 의존했는데, 이를 위해 부채를 통한 자금조달이 필요한 경우가 많았고, 비핵심적인 사업부문을 분리하고 핵심 지역의 시장들에서 전략을 재조정하기도 했다. 이런 시도들이 효과를 낼 것이라는 보장은 없으며, 그러는 가운데 이들의 사업모델은 악화되고 있는 중이다. 이런 상황은 퀄리티 성장투자자가 자신이 고른 최고 투자자산의 퀄리티나 성장을 위협하는 시장 변화 양상에 항상 주의를 기울이고 있어야 한다는 것을 알려주는 좋은 사례라 하겠다.

The Ten Golden Rules
· · · · · · · · ·
2. 소속 산업의 우수한 성장성

우리는 결국은 이익이 주가를 견인한다는 사실을 잘 알고 있다. 기업이 장기적으로 꾸준히 이익을 증가시키면 주가는 그 뒤를 따르기 마련이다. 이런 성장은 시간이 가면서 작동하는 복리라는 특별한 힘의 도움을 받아 투자자에게 평균 이상의 지속적인 투자수익을 제공해준다. 따라서 성장률이 우수한 산업에 종사하는 것이 매우 중요한 사업적 특성이고, 퀄리티 성장기업인지 확인하기 위한 우리의 두 번째 핵심 기준이다.

성장하는 산업이란 한 국가의 전체적인 경제활동 수준인 GDP 성장률을 초과하는 성장률을 보이며, 경제주기의 부침에 대체로 영향을 받지 않는 산업을 말한다. 일반적으로 이런 식의 성장은 현금에서 전자결제로의 전환, 세계적인 물 부족 현상, 인구 고령화 같은 경제적, 사업적 활동의 장기적인 변화가 그 동인이 된다.

세계적인 제품주기관리 소프트웨어 판매사인 다쏘시스템이 그런 산업에 종사하고 있는 좋은 예다.

제품주기관리란 말 그대로 아이디어 단계에서부터 설계 및 제조, 마케팅, 그리고 제품의 최종 판매에 이르는 제품 제조와 관련된 모든 소프트웨어 프로그램을 결합하는 시스템을 말한다. 여기에는 3D 설계 및 시뮬레이션, 제품 데이터 관리, 기업자원 계획, 고객관리 등등의 프로그램들이 포함될 수 있다. 이런 모든 프로그램들이 다 함께 효과적으로 작동되면 관련된 시간, 에너지, 자원 등을 절약함으로써 조직 전반의 효율성을 높일 수 있다.

기업과 조직 활동의 디지털화가 거스를 수 없는 추세라는 것을 감안하면, 다쏘는 분명 강력한 장기적인 성장 추세의 혜택을 누리고 있는 산업에 종사하고 있다고 할 수 있다.

조직이 복잡해질수록 소프트웨어들을 통합, 조정할 필요성은 더 커진다. 다쏘가 누리고 있는 경쟁력은 경쟁자보다 싸고 효율적으로 제품을 생산하는 능력에서 비롯된 것이다. 경쟁력 유지를 원한다면 기업들은 그런 기술을 채택할 수밖에 없다. 디지털화의 진행은 미래의 경기둔화나 경기침체의 충격을 완화시켜줄 수 있는 이 산업의 구조적인 특징으로, 다쏘가 매년 계속해서 매출을 증대시키는 것을 더욱 쉽게 해주고 있다.

한 산업의 구조적 성장의 가치는 이를 누리지 못하는 다른 산업과 비교함으로써 보다 쉽게 확인할 수 있다. 출판, 비디오 판매, 석탄 생산의 경우를 생각해 보자. 이 모든 산업은 수년 동안 장기적인 하락을 겪고 있다. 한 산업의 성장이 전체적으로 둔화되거나 멈출 때 그 산업에 종사하면서 매출을 늘릴 수 있는 유일한 방법은 시장점유율을 늘리는 것뿐이다. 이 방법은 개별 기업에는 적절하고 훌륭한 전략이지만, 해당 산업 전체에는 (승자가 있으면 반드시 패자가 있게 되는) 제로섬게임이 되며, 장기적으로 지속가능한 성장의 원천이 되지 않는다.

그러나 이는 정밀과학은 아니다. 경기민감형 산업은 성장과 하락 사이의 좁은 경로를 자주 오간다. 이런 경기민감형 산업에 종사하는 기업은 경기주기의 부침을 겪을 수밖에 없는데, 이는 이익 흐름의 변동성을 높이고 예측하기 어렵게 만든다. 당연히 이런 산업은 경기확장기에만 우수한 성장을 하게 된다. 경기주기의 전환점을 정확하게 예측하는 것이 가능하다면, 경기민감형 산업에 종사하는 기업은 훨씬 더 고려할만한 가치가 있겠지만, 슬프게도 그런 정확한 예측은 가능하지 않다. 따라서 이들 기업은 퀄리티 성장투자자가 요구하는 '지속적인 성장'의 기준을 충족시키지 못한다.

The Ten Golden Rules
· · · · · · · · ·
3. 지속적인 산업 주도력

종사하고 있는 산업이 구조적이고 우수한 성장을 하고 있다면, 그 기업은 장기적으로 지속가능한 성장을 할 가능성이 더 높다. 그러나 기업이 확장 가능한 사업모델을 갖고 있고 성장성이 우수한 산업에 종사하고 있다 해도, 그것만으로 성공을 보장할 수 있는 것은 아니다. 이와 함께 요구되는 것은 그 산업에서의 주도적 지위이고, 우리의 10대 황금법칙 중 세 번째 기준이다. 우리가 선택하는 기업들은 이런 산업 주도력을 일정 기간에 걸쳐 지속적으로 입증해 온 기업이어야 한다는 것이다. 그 이유는 구조적으로 성장하는 산업에 종사한다 해도 주도기업이 아니라 그저 평범한 기업이라면 그 수익성은 추가적인 리스크들에 노출되기 때문이다. 많은 업종에서는, 예컨대 스포츠처럼, 그 경쟁환경이 승자가 모든 것을 혹은 대부분을 가져가는 승자독식의 시장을 만드는 경향이 있다. 이런 승자독식의 시장에서는 그 성과의 대부분이 해당 산업의 1위나 2위 기업에 돌아간다.

산업 주도력과 우리가 찾고 있는 그런 지배적인 시장지위를 얻는 데는 오랜 기간에 걸친 투자, 인내, 그리고 결단이 필요하다. 퀄리티 성장 기업들이 아주 유명한 기업인 경우가 많고 선진국 시장에서 가장 쉽게 발견될 수 있는 것은 바로 이 때문이다. 보통 이런 기업들은 시가총액이 이미 수십억 파운드, 수십억 유로, 혹은 수십억 달러에 이르는 대형 기업들이다. 시가총액이 훨씬 작아도 좋은 퀄리티를 가진 기업들도 있지만, 이 경우 투자자들은 잠재적인 유동성 손실 리스크risk of potential loss of liquidity에 직면하게 된다. 여기서 말하는 유동성 손실 리스크 혹은 유동성 제한 리스크란 거래량이 적고 호가 차이가 커서 시장에 형성된 호가에 특정 양의 주식을 매수, 매도하기 어려운 경우를 말한다. 이 경우 매매해야 할 주식량이 많으면 많을수록 체결될 수 있는 주가가 불리한 방향으로 움직일 리스크는 더 커진다. 이는 시가총액이 더 큰 기업이라 해도 무시해서는 안 될 중요한 요인이다. 퀄리티가 상승해서 주가가 거래하기 힘든 너무 높은 수준에 도달하는 경우도 있기 때문이다.[1]

일반적으로 지속적인 산업 주도력과 지배적인 시장지위는 어렵지 않게 확인할 수 있다. 예컨대 아웃소싱 및 경영컨설팅 산업에서는 미국의 글로벌기업 액센츄어Accenture가 지배적인 시장지위를 갖고 있다. 역시 미국 기업인 오토매틱 데이터 프로세싱은 뛰어난 현금흐름 창출력과 최고 수준의 재무상태를 가진 인력 분야의 최고 데이터 프로세싱 기업이다. 앞서 살펴본 프랑스의 다쏘시스템은 기업들이 제조상품을 정하고, 시뮬레이션하고, 최적화하는 데 필요한 3D 소프트웨어의 산업 주도적 공급자다.

일단 한 기업이 산업 지배력을 장악하게 되면, 퀄리티 성장투자자가 누릴 수 있는 이점은 그 기업이 지배적인 지위를 잃는 일이 쉽게 발생하지 않는다는 것이다. 이는 코카콜라에 도전할 수 있는 브랜드를 만드는

---

1 기술적인 문제이긴 하지만, 이런 유동성 제한 리스크는 포트폴리오 운용에 고려해야 할 중요한 요인이다.

것이 얼마나 오래 걸리고 얼마나 어려울지 생각해 보면 알 수 있다. 구글이나 프라이스라인Priceline의 온라인 파워를 넘어서는 데 성공한 기업도 거의 없다.

주도적인 시장지위를 가짐으로써 기업이 누리는 한 가지 핵심적인 혜택은 (그리고 퀄리티 성장기업의 핵심적인 특징 중 하나는) 자신만의 가격을 책정할 수 있는 능력이다. 노조의 점진적인 약화 그리고 세계화와 인터넷의 성장으로 지난 20년 동안 가격결정력이 생산자에서 소비자로 점점 빠르게 넘어갔다. 이로 인해 인플레이션율이 역대 최저 수준으로 크게 낮은 상태가 되었다. 이런 상황에서 훌륭한 퀄리티 성장기업이 누리는 지속적인 산업 주도력은 이들이 가격 인하라는 거시경제적 추세에 대항해 싸울 수 있는 힘이 되고 있다. 사업을 잃지 않으면서도 자신의 가격을 책정할 수 있는 능력을 가진 기업들이 프리미엄을 받는 것은 당연한 것으로 보이며, 대개 그런 것으로 밝혀지고 있다.

이와 관련된 좋은 예는 프랑스의 명품 브랜드그룹 에르메스Hermès이다. 에르메스는 전 세계의 디스인플레이션 추세에도 불구하고 지난 20년 동안 연 평균 약 4%씩 제품 가격을 인상해 왔다.[2] 또한 헬스케어산업의 경우, 신제품 개발에 필요한 연구개발 자금을 위해 제약사의 이익을 보장해줘야 한다는 논리와 치솟는 약값에서 소비자들을 보호해야 한다는 정치적 과제 사이에서 서로 나뉜 정부들의 압력을 받는 경우가 자주 있어 왔다. 그럼에도 덴마크의 인슐린 제조사 노보 노디스크Novo

---

2 버킨 백 같은 일부 제품의 경우에는 연 평균 인상률이 8%에 육박한다.

Nordisk는 에르메스와 비슷한 비율로 자사의 당뇨병 치료제 가격을 인상해 왔다. 가격책정에 대한 펩시코PepsiCo의 그간 실적도 인상적이다. 보석회사 티파니Tiffany와 향수 및 화장품 회사 에스티로더Estée Lauder의 경우도 그렇다.

일반적으로 그렇게 널리 알려진 이름은 아니지만 강력한 가격결정력을 가진 또 다른 회사는 기업의 채권 등급을 평가하는 신용평가사 무디스Moody's다. 무디스가 책정하는 가격은 지난 10년 동안 연 평균 3~4% 상승해왔다. 지난 세계금융위기 당시 많은 투자자들이 서브프라임 모기지 리스크 및 다른 위험한 대출관행에 눈을 감았다고 신용평가사들을 비판했을 때, 신용평가사들의 명성이 땅에 떨어졌음에도 불구하고 그랬다. 자본시장의 지속적인 수요로 인해 신용평가사들은 단순히 살아남은 데 그친 것이 아니라 오히려 번성했다. 세계금융위기 이후 은행들은 여러 형태의 대출에 소극적일 수밖에 없는 상태에서 초저금리로 인해 더 많은 기업들이 대출을 이용하려 하자 기업의 차입에 폭발적인 증가가 있었다. 이런 기업 대출에는 신용평가가 필수적이었기 때문에 무디스의 핵심 사업인 기업 대출에 대한 평가 수요가 증가했다.

기업이 자신이 원하는 가격을 책정할 수 있는 힘은 신중한 관리가 필요하다. 그런 힘을 남용하면 소비자, 정치인, 규제당국의 반발을 초래할수 있다. 금융위기 당시 세간의 이목을 끌었던 역할 때문에, 업계 선두의 두 신용평가사 무디스와 스탠더드앤드푸어스Standard & Poor's는 미국 의회로부터 사업방식을 바꾸라는 강한 압력을 받았다. 잠시 동안 이는 무디스 주식을 보유한 퀄리티 성장투자자들에게 경고를 주는 상황이었다. 결과적으로 볼 때, 무디스의 사업모델은 거의 손상되지 않고 살아남았고 규제 리스크는 약해졌다. 기업의 가격결정력이 소비자에게 미치는 충격이 그리 크지 않은 경우라 해도, 달갑지 않은 비판적인 관심을 받기 쉽다. 그와 관련된 최근의 사례는 수수료율을 올린 비자와 마스터카드다.

계속적인 성공적인 혁신에 프리미엄이 있는 산업에 종사하는 그레이코, 자일럼, 액센츄어 같은 기업의 경우, 투자자는 이들의 필수적인 거액의 연구개발비 지출을 면밀히 모니터해서 수익이 감소하는 징후는 없는지 살펴야 한다. 역사적으로 보면, 이익률이 높은 업계 주도기업들이 자만에 빠져 방심하면서 새로운 시장참여자의 도전을 허용하게 되는 리스크가 분명히 존재한다. 이런 점에서 미국의 노보 노디스크 사례는 참고할 가치가 있다. 노보 노디스크 신임 경영진은 한동안 회사가 자사 제품이 평범한 상품이 되고 있다는 것을 제대로 파악하지 못했다는 것을 인정했다. 또 다른 사례는 요구르트업계의 세계적 리더 다논인데, 다논은 그릭 요거트로 변해가는 소비자 추세를 포착하지 못했다.

기업의 가격결정력에 있어 투자자가 현혹되지 않도록 조심해야 할 경우도 있다. 거액의 마케팅 비용을 투입해 일시적으로 확보했지만 미래의 지속가능한 성장에는 어떠한 항구적인 기여도 못하는 인위적이고 단기적인 가격결정력도 있기 때문이다. 다논, 레킷벤키저Reckitt benckiser, 콜게이트-파몰리브Colgate-Palmolive, 네슬레도 한때는 신흥국 시장에서 비특허제품들의 브랜드 홍보에 (장기적인 효과는 얻지도 못하고) 거액을 지출하면서 이런 짓을 저지르기도 했다. 전자상거래가 확대되고 소비자들이 인터넷으로 몰리는 새로운 상황 속에서 브랜드 홍보라는 기존의 방식에만 의존해서는 고객의 충성심을 유지하기가 더 이상 어렵게 된 것이다. 효과적인 전자상거래 대책을 개발하지 못하는 기업들은 성장성이 하락할 리스크가 있다.

업계 주도적 지위에서 전자상거래의 도전에 효과적으로 대처한 좋은 사례는 로레알L'Oreal이다. 로레알은 집중적인 온라인전략에 힘입어 화장품업계에서 시장점유율을 지속적으로 확대해가고 있다. 로레알은 이 사회에 디지털 담당임원chief digital officer을 둔 최초의 소비재기업에 속한다. 또 로레알은 새로운 소비자 환경에 맞게 회사의 브랜드 포트폴리오와 유통채널을 조정하는 것이 필요하다는 것을 인식했다. 매우 많은 경우에서 볼 수 있듯이 (그리고 우리의 10대 황금법칙이 모두 서로 연계되어 있다는 추후에 살펴볼 증거에서도 볼 수 있듯이) 효과적인 기업지배구조가 새로운 도전에 대한 이런 성공적인 대응의 핵심 요인이었다.

기업의 가격결정력은 디스인플레이션 기간에 투자자에게 특히 중요하고, 디플레이션이 곧 시작될 것으로 보이면 훨씬 더 중요해진다. 경제성장이 둔화되는 기간에도 가격과 이익이 계속 상승하는 기업은 전통적인 가격결정력의 일부를 소비자에게 넘길 수밖에 없는 기업보다 높은 PER을 부여받게 될 것이다. 경제둔화기에 이런 프리미엄 PER을 가진 주식에 투자한 투자자들의 포트폴리오는 전체 시장보다 덜 급격히 하락하게 될 것인데, 이는 자본을 보호하는 하나의 중요한 원천이 된다.

물론 업계 리더의 의미를 확실히 정의하는 것이 중요하다. 대부분의 정의에 따르면, 업계 리더 혹은 시장 주도자란 해당 산업에서 가장 큰 기업을 지칭하지만, 항상 그런 것은 아니다. 퀄리티 성장투자자들은 성장하는 시장에서 가장 큰 가치를 점하기에 가장 좋은 위치에 있는 기업을 찾는다. 일본의 로봇제조회사 화낙은 로봇시장 최대 기업인 아세아 브라운 보베리^{ABB}보다 매출액은 훨씬 적지만, 최고의 제조설비, 고품질의 제품, 그리고 뛰어난 고객서비스 덕분에 ABB보다 지속적으로 더 높은 성장률과 더 높은 영업이익률을 창출하고 있다. 바로 이러한 특징들이 화낙이 꾸준히 시장점유율을 높일 수 있는 경쟁우위다.

The Ten Golden Rules
· · · · · · · ·
4. 지속가능한 경쟁우위

꾸준한 업계 리더를 찾기 위해서는 기업과 그 기업이 속한 산업에 대한 심층적인 관찰이 필요하다. 대개의 경우, 퀄리티 성장기업들은 복수의 경쟁우위를 누리면서, 긍정적인 피드백 고리를 창출하고 장기적으로 자신의 경쟁적 지위를 강화하게 된다. 그러나 시간이 흘러도 절대로 흔들리지 않는 경쟁우위란 없으며, 업계 리더가 '장기적으로' 자신의 지위를 유지할 수 있느냐 하는 것이 퀄리티 성장을 판단하는 또 하나의 황금법칙이다.

경쟁우위를 만들어내는 요인은 크게 둘로 나눌 수 있다. 첫 번째 형태는 우수한 제품이나 서비스가 경쟁우위를 만들어내는 것이고, 두 번째 형태는 우수한 사업모델이 경쟁우위를 만들어내는 것이다.

우수한 제품이나 서비스를 제공하면 많은 경우 그 기업은 보다 높은 가격을 책정할 수 있다. 치과 임플란트 제조업체 스트라우만Straumann의 경우를 보자. 스트라우만은 수십 년에 걸친 임상연구를 통해 자사 임플란트가 다른 어떤 경쟁 제품보다 내구성이 뛰어나다는 것을 입증했다. 우수한 제품을 생산하는 능력은 높은 고객충성도와 가격이 상승해도 수요가 줄지 않는 낮은 가격탄력성으로 보상받는다. 그런데 잘 알려진 것처럼, 고객만족도는 주관적이며 따라서 품질이 우수하다는 주관적인 인식도 충분히 경쟁우위를 창출해낼 수 있다. 예를 들어, 나이키와 아디다스, 이 두 회사는 오랫동안 운동화 산업을 주도해왔고 운동화시장 점유율을 2008년 37%에서 2017년 45%로 확대해 왔다.[3] 이는 이들 제품의 품질에 어떤 특별한 우위가 있어서라기보다는 고객의 인식을 사로잡은 우수한 브랜드 호소력 때문일 수 있다.

두 번째 형태의 경쟁우위는 우수한 사업모델에서 나온다. 인디텍스Inditex의 경우가 좋은 예다. 인디텍스는 짧은 유행주기를 가진 최신 트렌드의 의류제품을 그때그때 소량 생산하여 바로 매장에 비치하는 '패스트패션' 사업모델을 구축했다. 이로 인해 매장 매니저들은 덜 팔리는 제품의 할인 판매는 줄이고 가장 잘 팔리는 제품들은 수시로 신속하게 공급받을 수 있게 됐다. 또한 이런 끊임없는 제품 회전은 고객들이 최신 디자인의 제품을 보기 위해 더 자주 매장을 방문하게 만들었다. 지금까

---

3 자료: Euromonitor.

지 많은 업체가 인디텍스의 사업모델을 모방하려고 했지만, 인디텍스는 지속적으로 의류시장 점유율을 높이고 있으며, 패스트패션 부문의 리더로 남아 있다.

지속가능한 경쟁우위가 의미하는 것은 해당 기업이 경쟁자들이 필적할 수 없는 가격에 상품과 서비스를 생산할 수 있는 지위로 성장해왔다는 것을 의미한다. 동일 산업 내 다른 기업들이 그 기업을 모방하고 가격경쟁을 시도해도, 최소한 단기적으로는 거의 성공하지 못한다. 지속적인 경쟁우위를 가진 기업이 제공하는 상품이나 서비스가 모든 경제적 시나리오 하에서도 필요한 상품이나 서비스인 필수재essential라면, 이 기업은 '가격결정자price maker'가 될 것이다. 가격결정자란 세상이 정하는 가격을 따라가는 것이 아니라 자신만의 가격을 책정할 수 있는 기업에 부여하는 전문용어다. 적절한 범위 내에서 가격결정자는 수요 하락을 유발하지 않으면서 경쟁자보다 높은 가격을 부과하거나 심지어 가격을 인상할 수 있다. 지배적인 시장지위가 이런 가격 비탄력성을 확보하는 데 도움이 된다.

진정한 경쟁우위를 가진 기업들은 기존의 수확체감의 법칙law of diminishing returns에 휘둘리지 않을 수 있다. 수확체감의 법칙에 따르면, 높은 그리고 증대되는 이익을 창출하는 기업은 어느 시점에 가면 신규 진입자가 시장에 들어와 점차 기존 기업의 경쟁우위를 잠식함으로써 도전에 직면하게 된다. 그러나 이것이 항상 가능한 것은 아니다. 일부 기업은 더 이상 가격을 차별화하는 능력을 갖지 못함에도 불구하고 여전히 경쟁우위를 유지하게 된다. 비자와 마스터카드가 그 좋은 예다.

이 두 회사는 산업개척자로서 선발주자의 이점first mover advantage을 누리면서, 이를 통해 자신의 유통망과 브랜드 명성을 모방하기 어렵게 만들고 있다. 프라이스라인의 사업은 서로 다른 세 가지 경쟁우위의 원천들을 결합한 것이다. 호텔들과의 밀접하고 공고한 관계, 이용자 네트워크가 가진 가치, 애프터서비스 플랫폼의 유연성과 풍부한 정보 내용이 그것이다.

해당 기업이 경쟁우위를 지속적으로 유지할 수 있는 능력을 갖고 있느냐 하는 것은 퀄리티 성장투자자들에게 매우 중요한 것이다. 오래 지속되는 경쟁우위를 가진 기업은 여러 이유로 가치 있는 기업이다. 이런 기업은 수입과 현금흐름이 지속적으로 증가하게 된다. 또한 이런 기업은 그러한 미래 성장전망에 대해 리스크는 줄이면서 예측가능성은 더 높여준다.

그런데 이런 특징들이 현저히 부족한 대표적인 산업이 항공산업이다. 지난 50년 동안 항공사의 생산성은 대폭 개선된 엔진 효율성과 고객들의 셀프체크인 능력으로 시간과 자금이 절약된 데 힘입어 크게 개선되었지만, 장거리 항공여행 가격은 역대 최저 수준이다. 그 한 이유는 관련된 대부분의 기술적 혁신을 단지 소수의 기업이 아니라 장거리 여행산업의 '모든' 경쟁자들이 이용할 수 있었기 때문이다. 결과적으로 기술혁신으로 인해 항공사들이 누릴 수 있던 비용절감 효과는 대부분 단기에 그쳤고, 그로 인한 이득은 보다 낮은 항공료의 형태로 고객들에게 돌아갔다.

The Ten Golden Rules
● ● ● ● ● ● ● ●
5. 강력한 유기적 성장

우리가 찾고 있는 퀄리티 성장기업은 여러 해, 아마도 10년이나 20년 동안 모든 경제주기를 거치면서 우수한 성장을 해왔을 것이다. 모든 기업은 어떤 시점에 성장 모멘텀이 정체될 수 있지만, 사업을 오래 해왔다고 해서 이것이 꼭 성장 모멘텀의 상실이 불가피하다는 것을 의미하는 것은 아니다. 우수한 성장률이란 평균적인 기업이라면 이익이 악화되거나 심지어 손실을 낼 수밖에 없는 경기침체기에도 수입과 현금흐름이 계속 증가하는 것을 의미한다. 우리의 다섯 번째 황금법칙은 유기적인 이익, 요컨대 그 기업의 기본사업을 통한 이익으로 그런 성장을 지속하는 것이 중요하다는 것이다.

우수한 성장률이란 어느 정도를 말하는 걸까? 한 국가의 평균 GDP 성장률이 예컨대 5% 미만이라면, 퀄리티 성장이란 가능한 10% 이상의 두 자릿수 매출 성장률을 의미한다. 평균적인 기업이 한 자릿수 후반의 비율로 성장하고 있다면, 퀄리티 성장기업은 10% 이상의 두 자릿수 비율로 성장하고 있어야 한다. 이를 거꾸로 말하면, 매출액 성장률이 한 자릿수 후반이고 순이익 증가율이 10% 미만인 기업은 퀄리티 성장기업이 되기 어렵다.

이런 기준은 충족시키기 어려운 조건이며, 진정한 퀄리티 성장기업이 매우 드문 것도 바로 이 기준 때문이다. 또 진정한 퀄리티 성장기업의 주가가 일반적으로 프리미엄을 받는 것도 바로 이 때문이다. 이런 프리미엄 가격 때문에 (밸류에이션 원칙에 따라 고퀄리티 성장기업에 높은 가격을 지불하지 못하는) 투자자들이 겁을 먹고 고퀄리티 성장기업에 접근하지 못하는 경우가 많다. 그러나 경험 많은 퀄리티 성장투자자는 이것이 약점이 아니라 강점이라는 것을 알고 있다. 진정한 퀄리티 성장기업에 부여되는 프리미엄은 줄어드는 경우가 드물고, 줄어드는 경우가 있다면 대개는 다른 형태의 기업은 훨씬 더 심각한 상태에 빠지는 그런 약세장의 결과다. 이런 결과로 프리미엄이 사라질 경우, 이는 일반적으로 투자자가 그 보유량을 확대할 수 있는 아주 좋은 기회가 된다.

공식적인 견해는, 그리고 규제당국이 자금공급자들에게 지키라고 요구하는 견해는 "과거 실적은 미래 실적의 지침이 아니다"라는 것이다. 이런 견해는 엄격하게 논리적으로 볼 때는 사실이지만, 그 외 다른 모든 면에서는 사실이 아니다. 사실, 경험 많은 투자자에게는 과거 실적이 미래 실적에 대한 (투자자가 찾을 수 있는) 가장 신뢰할만한 지침이 되는 경우가 많다는 것이 나의 주장이다.

위의 공식적인 견해는 기본적으로 미숙한 투자자들이 과거 실적만 보고 미래 실적을 전망하는 순진한 기대로 주식을 매수하는 일이 없도록 보호할 목적으로 영국의 금융규제당국이 소개한 경고라는 것을 기억하자. 이런 목적은 좋은 것이지만, 그렇다고 그런 견해가 보편적인 진리인 것은 아니다. 물론 이런 견해는 5년의 호황 뒤에 통상적으로 심각한 불황이 찾아오는 자동차제조업 같은 경기민감형 기업에는 매우 잘 적용된다. 그러나 우리는 그런 형태의 기업에는 관심이 없다. 퀄리티 성장투자자에게는 강한 과거 실적이 하나의 필수조건이며, 해당 기업이 투자할 가치가 있는지 확인하는데 필요한 지표다.

그러나 과거 실적 그 자체만 보고는 바람직한 투자를 할 수 없다. 여기서 가장 중요한 것은 우수한 성장 실적을 가진 기업이 어떻게 지금과 같은 우수한 상태를 달성했는지 이해하는 것이다. 퀄리티 성장투자자라면 그 기업을 보호하고 있는 해자^{경쟁우위}가 있는지, 그리고 그 해자가 어떻게 그 기업의 우위를 지켜주고 있는지 확인해야 한다. 그런 후에만 퀄리티 성장투자자는 그 기업이 먼 미래까지 매출액, 이익률, 그리고 이익 증가를 지속적으로 유지할 수 있는지 판단할 수 있다.

이상적인 것은 그 기업이 지금까지 해 온 성장이 유기적인 경우다. 유기적인 성장이란 그 기업의 기본적인 사업활동으로 창출된 성장을 말한다. 그런데 기업의 과거 실적이 유기적인 성장, 요컨대 기본사업을 통한 성장이 아니라 주로 기업인수^{acquisition}에 의한 성장일 수도 있다.

기업인수에는 리스크와 잠재적인 위험이 많다. 피인수기업이 우리가 정의한 그런 고퀄리티 성장기업이라면, 이 기업은 이미 자신만의 독특한 문화와 업무방식을 갖고 있을 것이다. 결합되는 두 회사의 문화 중 하나를 희석하거나 잃지 않으면서 서로 다른 두 개의 독특한 문화를 통합하는 것은 매우 큰 그리고 종종은 달성하기 힘든 과제다. 그리고 그 기업인수 자금을 신주나 채권 발행을 통해 조달할 경우 재무상태에 압박이 가해질 것이고, 이는 우리의 또 다른 황금법칙인 '튼튼한 재무구조'를 침해할 뿐만 아니라 결합된 새 회사의 밸류에이션에 리스크를 유발할 수도 있다. 그리고 기존 주주들도 이익의 희석으로 고통을 받을 수 있다.

성장의 원천으로 첨단기술을 강조하게 된 신경제의 도래는 기업인수 매수가에 포함되는 영업권의 금액을 높였다.[4] 상당한 영업권이 포함된 기업인수는 미래의 수익이 인수자가 실제로 지불한 영업권 금액에 맞거나 이를 초과할 것이라는 가정에 입각한 것이다. 그런데 그런 기대가 많은 경우 그렇듯 과장된 기대였던 것으로 드러나면, 이익 전망은 줄어들 수밖에 없고 결국엔 영업권 손상차손이 발생한다. 이런 일이 발생하면, 그런 새로운 실상은 주가에 빠르게 반영될 수 있고, 그러면 주주는 영구적인 자본손실을 입을 수 있다. 사실 많은 기업인수가 경험보다는 희망을 좇아 이루어진 경우가 많았다.

물론 모든 인수가 반드시 나쁜 것만은 아니다. 인수기업의 사업과 쉽게 융합될 수 있는 다른 기업을 매수하는, 그리고 자본수익률을 높이는 데 추가 노력이 거의 들지 않는 이른바 볼트온 기업인수bolt-on acquisition는 성공적일 수 있다.

적정가격을 지불했다고 가정하면, 그런 기업인수는 퀄리티 성장투자의 개념과 양립 불가능한 것이 아니다. 그러나 우리의 견해로는 아무리 볼트온 기업인수라 해도, 이는 우리의 이상적인 기업이 추구하는 유기적 성장전략의 측면에서 볼 때 필수적인 전략이 아니라 예외적인 전략이라 할 것이다.

대형 인수는 또 다른 문제다. 이론적으로 피인수기업의 내재가치가

---

4 영업권은 인수에 지불되는 인수가격이 피인수기업이 보고한 재무제표 상의 유형자산 가치를 초과하는 차액을 나타내는 회계용어다.

인수기업의 내재가치보다 훨씬 크면, 그 인수는 통합된 기업의 주당순이익을 높이는데 기여할 것이다.

그러나 대개의 경우 대형 인수의 효과는 인수기업의 주주 이익을 증대시키기보다 희석시키는 쪽으로 귀결된다. 특히 인수기업이 인수비용 조달을 위해 자사의 신주를 발행하는 유상증자를 할 경우, 그로 인한 희석효과는 조만간 주가 하락으로 반영된다. 기업인수와 관련해 퀄리티 성장투자자가 정말 관심을 가져야 할 것은 피인수기업에 지불된 가격이 아니라 피인수기업의 가치다.[5]

합병merger도 인수와 같은 범주에 속하며, 퀄리티 성장투자자라면 극도로 조심스럽게 접근해야 한다. 규모가 거의 비슷한 두 대형기업의 합병은 동등한 결혼으로 묘사되는 경우가 많다. 그러나 이는 곧 환상이었음이 드러나고 만다. 두 독특한 문화를 합병하는 것이 어려운 것처럼, 인간 본성상 서로 다른 두 기업에 있던 사람들이 함께 일하기가 어렵고, 경영자와 종업원들이 서로 지위를 두고 다투기 때문에 충돌이 있기 마련이다.

창조적인 긴장으로 의도했던 것이 파괴적인 긴장이 되는 것은 시간 문제에 불과하다. 두 개의 고퀄리티 성장기업인 에실로Essilor와 룩소티카Luxottica의 합병이 단적인 예다. 이 두 회사는 합병 협상이 끝나기도 전에 두 회사 직원들 간의 알력과 다른 여러 긴장들이 발생하고 있다는 소문으로 주가가 하락한 바 있다(두 회사의 합병회사인 에실로-룩소티카는

---

5 워런 버핏의 유명한 경구를 빌려 말하자면, "가격은 여러분이 지불하는 것이고, 가치는 여러분이 얻는 것이다(Price is what you pay, Value is what you get)."

2018년 10월 정식 출범했다).

이런 종류의 가장 주목할 만한 재앙 중 하나는 2000년 있었던 AOL과 타임워너$^{Time\ Warner}$의 합병이다. 두 회사의 통합 합병회사인 AOL-타임워너의 시가총액은 3,500억 달러였다. 그리고 이 두 회사의 합병은 기술과 미디어의 환상적인 융합이 될 것으로 여겨졌고, 많은 축하와 샴페인, 그리고 서로 간의 칭찬이 이어졌다. 그러나 모든 것이 매우 잘못된 방향으로 흘러갔다. 합병회사인 AOL-타임워너는 합병 3년 후 990억 달러의 손실을 기록했다. 2009년, 다시 완전히 결별한 두 회사의 시가총액은 합쳐서 740억 달러를 넘지 못했는데, 이는 처음 합병 당시 시가총액의 1/5 수준에 불과했다. 이는 영구적인 자본손실의 전형적인 사례이며, 이와 비슷한 다른 사례도 많다.

한 기업의 미래 성장이 지속가능한 것인지 판단할 때는 그 기업이 기본적으로 유기적 성장을 해왔다 해도 그런 유기적 성장을 어떻게 달성했는지에 관심을 가질 필요가 있다. 이익 증가로 이어진 모든 경로의 질이 다 같은 것은 아니다. 예를 들어 과감한 비용절감 노력은 무한히 지속될 수 없다. 법인세율과 금리의 하락은 기업의 이익 개선에 도움이 되겠지만, 그런 하락이 계속될 것으로 볼 수는 없다. 더구나 법인세율과 금리의 하락 같은 요인들은 기업이 통제할 수 없는 요인들이다. 이런 요인에 기초한 성장은 장기적으로 지속가능하지 않다.

따라서 퀄리티 성장투자자들에게 이상적인 기업은 유기적인 매출 증가로 성장을 창출하고 있는 기업이다. 그런 기업은 자신이 판매하는 제품이나 서비스의 가격을 책정할 수 있다. 이미 살펴본 것처럼, 해당 기업의 가격결정력이 클수록 투자자는 그 기업의 미래에 대한 자신의 전망의 정확성과 지속성에 더 큰 확신을 가질 수 있다. 예를 들어 석유생산회사를 포함해 가격이 해당 기업이 아니라 시장에 의해 책정되는 그런 기업에 투자할 때, 투자자는 향후 5년 동안 그 기업의 제품이나 서비스 가격이 어떻게 될지 합리적인 전망을 하기가 어렵다. 따라서 그런 기업들은 지속가능한 유기적 성장이라는 우리의 기준을 통과하지 못한다.

이와 대조적으로 에스티로더 같은 기업은 지금까지 연 평균 2%씩 가격을 올리는데 성공했고, 이것이 미래에는 지속 불가능할 것이라고 믿을 이유는 전혀 없다. 투자자의 과제는 자신의 이익 증가 전망을 틀리게 할 수 있는 변수들은 가능한 많이 피하는 것이다. 해당 기업의 미래에 예측 불가능한 요인들이 적을수록 성공 가능성은 더 커진다. 퀄리티 성장기업의 전략에서 인수합병을 통한 성장이 대개 부차적으로 취급되는 이유는 인수합병에는 정확하게 예측할 수 없는 매우 많은 외부적인 리스크들이 동반되기 때문이다.

The Ten Golden Rules
· · · · · · · ·
6. 사업대상 지역 및 고객의 건전한 분산

분산은 벌크 리스크$^{bulk\ risk}$라는 위험을 줄이기 위한 것이다. 특정 소수의 고객이 기업의 고객 구성에서 가장 큰 부분을 차지하고 있다면, 그런 고객 중 일부가 떠날 경우 그 기업에 가해질 리스크는 분명히 크다. 마찬가지로 다수의 고객이 민간 부문에 대한 정치적 개입 여지가 높은 국가에 위치하고 있다면, 법제도의 변경이 그 기업에 해를 가할 리스크를 절대 무시할 수 없다. 이처럼 사업대상 지역이나 고객이 집중되어 있을 때 발생할 수 있는 벌크 리스크를 완화하기 위해서는 당연히 지역과 고객의 건전한 분산이 필요하다. 이것이 우리의 여섯 번째 황금법칙이며, 특히 기업이 통제할 수 없는 리스크들이 어떤 식으로든 집중되어 있는 기업을 피하도록 경고해 주는 기준이다.

생산성은 모든 기업의 요체이며, 그 존재이유다. 성장기업의 목적은 자본비용을 초과하는 투하자본수익률을 달성하는 것이다. 기업이 사용하는 모든 자산, 즉 기술, 노동력, 자본의 생산성을 개선하는 것이 그런 목적을 달성할 수 있는 방법이다. 생산성은 예를 들어, 한 사람의 시간당 생산량이나 수입 대비 사용된 자본의 비율 등 여러 방법으로 측정될 수 있다. 분명한 것은 큰 자본을 투입하지 않고도 수입을 꾸준히 증가시킬 수 있는 기업은 기존의 결과와 동일한 결과를 얻기 위해 빈번히 자본을 투입해야 하는 기업보다 생산성이 높다는 것이다. 그리고 이런 자본의 투입, 즉 자본적 지출에 필요한 비용을 주기적인 주주자본의 증액^{유상증자}으로 조달한다면, 주주가 올릴 수 있는 수익에 직접적인 타격을 주게 된다.

따라서 생산성을 증대시킬 수 있는 능력은 우리가 투자하려는 진정한 퀄리티 성장기업의 핵심적인 특징이다. 이는 모든 종류의 이익 증가가 다 같은 것은 아니라는 것을 의미하는 것이기도 하다. 일반적인 규칙에 따르면, 기본사업으로 달성하는 유기적 성장이 차지하는 부분이 클수록 성장의 본질적인 퀄리티가 더 높다. 따라서 강력한 유기적 성장은 일반적으로 기업이 창출할 수 있는 성장 중에서 가장 퀄리티가 높은 성장이다.

그러나 그런 성장이 지속가능한 것이 되기 위해서는 매출액이 긍정적인 충격과 부정적인 충격 모두로부터 보호되어야 한다. 예컨대 급격한 매출 증가는 기업의 공급체인에 상당한 부담을 줄 수 있다. 매출이 너무 빨리 증가하면, 그 기업의 업무 능력으로 수요를 따라가지 못할 수 있으며, 이는 고객을 실망시키고 브랜드에 타격을 줄 수 있다. 반면, 급격한 매출 하락은 해당 기업의 그 외 다른 부문에서의 투자 축소를 유발할 수 있다.

의도적인 매출 분산전략은 이런 결과가 발생할 리스크를 줄여줄 수 있다. 매출 분산전략을 통해 기업은 단일 매출집단이나 매출채널에 대한 의존을 탈피함으로써 수요 충격을 견딜 수 있다. 간단한 예를 살펴보자. 기업 A와 B는 정보기술서비스회사로 여러 지표 상 대체로 비슷한 기업이라고 해 보자. 한 가지 차이는 A가 세 개 지역, 즉 북아메리카, 유럽, 아시아에서 모두 같은 규모로 사업을 하는 반면, B의 사업은 전적으로 유럽에만 집중되어 있다는 것이다. 그리고 이 지역들이 북아메리카는 5.0%, 유럽은 7.0%, 아시아는 5.0% 비율로 성장하고 있다고 가정해 보자. 유럽에서만 사업을 하는 B의 전체적인 성장률은 7.0%가 될 것이다. 반면 A는 북아메리카와 아시아에서의 성장률이 낮기 때문에 전체적인 성장률은 5.7%가 될 것이다.

이 사실만 놓고 보면, 퀄리티 성장투자자라면 B를 선택할 것이라고 생각할 수 있다. 그러나 사업의 지리적 집중은 양날의 칼과 같다. 유럽이 7.0% 성장이 아니라 7.0% 하락을 겪는다면, 양상은 매우 달라진다. A는 전체적으로 그런대로 1.0%의 성장을 하지만, B는 7.0%의 매출 하락 충격을 고스란히 받게 된다. 다소 과장된 것이긴 하지만, 이런 간단한 예를 통해 분산의 조절효과를 확인할 수 있다. 분산된 매출 흐름을 가진 기업이 단일 혹은 수직 부문의 급속한 성장으로 얻을 수 있는 혜택은 누리지 못한다 해도, 그 단일 부문의 성장 둔화에 따른 충격에서는 보호되고 있는 것이다. 퀄리티 성장투자자에게 선택은 분명하다. 상방 가능성의 일부를 희생하는 대신 하방 가능성에 대해서는 훨씬 큰 보호를 받는 것, 이것이 퀄리티 성장투자자의 선택이다.

위의 사례는 기업의 고객기반의 폭에 관한 내용으로도 확대 적용할 수 있다. 그런데 고객기반을 다양화하는 데는 한 가지 중요한 추가 혜택이 있다. 신규 고객이 추가될 때마다 기존의 각 고객이 전체 매출에서 차지하는 비중은 적어진다. 이는 공급자들과의 협상에서 해당 기업의 협상력을 강화시켜주는데, 투자자의 관점에서 볼 때 무시할 수 없는 혜택이다. 그 예를 멀리서 찾을 필요도 없다. 애플과 애플의 제품생산 파트너들 사이에서 볼 수 있는 관계의 역학을 보면 기업이 강력한 협상력을 유지하는 것이 얼마나 중요한지에 대한 교훈을 확인할 수 있다.

지리적으로 분산된 고객기반을 대상으로 판매하면 기업이 보유한 고객 정보량을 늘려주는 효과도 있다. 양이 질과 같은 것이라고는 할 수 없지만, 통계학의 가르침에 따르면 모집단 규모가 클수록 보다 유의미한 결과를 얻을 수 있다. 5개국 10만 명의 고객으로부터 얻은 고객정보는 50개국 10만 명의 고객으로부터 얻은 고객정보만큼 유용하지는 않다. 오늘날 기업들은 여러 정교한 도구와 기법을 가지고 이런 정보를 특히 마케팅과 광고에 활용한다.

예를 들어, 에스티로더는 각 도시별 인종적 분포패턴을 확인할 수 있는 데이터를 갖고 있다. 결과적으로 에스티로더는 그런 아주 작은 각 지역들의 피부유형과 화장습관에 맞춰 지역별로 자사 스킨케어 및 화장품 제품을 출시할 수 있다. 스페인의 의류회사 인디텍스는 온라인 자료수집의 일환으로 자사 제품을 사용하지 않는 이용자들이 컴퓨터에 입력하는 의류 관련 검색어들을 확인하고 있다. 그런 후 이 정보를 제품혁신팀의 연구개발에 활용하고 있다.

총매출액이 보다 안정적이면 투자자와 기업 모두에 긍정적인 혜택을 주는 것은 분명하다. 기업의 경우 보다 신뢰할만한 성장 목표를 설정할 수 있으며 그에 맞춰 예산결정을 할 수 있다. 투자자의 경우 매출 변동성이 적으면 그 기업에 대한 전망의 예측가능성을 높일 수 있다. 퀄리티 성장투자자들이 대부분의 투자은행이 목표로 삼고 있는 3~5년 전망을 넘어서는 보다 장기적인 전망에 집중한다는 점을 감안하면, 이런 예측가능성의 개선은 투자자가 투자모델을 수립하는 데 큰 도움이 된다.

분산이 전적으로 리스크가 없는 것은 아니다. 기업이 사업대상 지역 및 고객 범위를 넓히기 위해서는 그에 걸맞는 운영능력을 갖춰야 하며, 여기에는 비용이 들기 마련이다. 판매대상을 넓히면 회사 자원을 두고 이를 먼저 차지하려는 내부 경쟁이 증대되고, 이는 잘못된 자본배분결정으로 이어질 가능성을 높인다. 그리고 지리적 강점 혹은 고객 강점이 있는 특정 영역을 고수해야만 지속가능한 성장을 할 수 있는 일부 훌륭한 기업도 항상 존재하기 마련이다. 이 모든 것이 사실이긴 하지만, 평균적으로 사업대상 지역 및 고객의 건전한 분산에서 발생한 매출로 얻을 수 있는 혜택의 총합은 리스크의 총합보다 큰 경향이 있으며, 이는 퀄리티 성장투자자들의 궁극적인 목표인 '높고 지속적인 투하자본수익률'을 확보하는 데 도움이 된다.

The Ten Golden Rules
7. 낮은 자본집약도와 높은 자본수익률

퀄리티 성장투자자의 황금법칙은 크게 두 범주로 나눌 수 있다. 하나는 성장에 관한 기준들이고, 다른 하나는 영구적인 자본손실 리스크를 줄이기 위한 기준들이다. 우리가 원하는 일곱 번째 기준인 '낮은 자본집약도와 높은 자본수익률'을 가진 수익성 높은 기업은 이 두 범주의 기준에 모두 맞아 떨어지는 기업이다.

낮은 자본집약도는 적은 자본을 아주 생산성 있게 사용하는 기업의 특징이다. 따라서 지속적으로 자본을 투입해야 하는 기업은 자연히 여기서 제외된다. 지속적인 자본 투입이 필요한 기업들은 원자재나 반가

공품을 가지고 완제품을 만드는 제조업체 등 대부분 제조업 부문에서 발견된다. 이런 기업은 본질상 경기를 타며, 따라서 미래이익을 예측하기가 어렵다. 이는 퀄리티 성장기업을 찾는 우리의 선별과정에 분명 부정적인 요인이 된다.

우리가 수익성이 높고 자본집약도는 낮은 기업을 그렇게 강조하는 한 가지 이유는 그런 기업이 대개 재무상태도 건전하기 때문이다. 높은 자본수익률을 달성하기 위해 기업들은 손실을 피해야 하며, 부채에 의존하지 않고 성장재원을 조달할 수 있어야 한다. 이런 성장재원은 기존 사업에서 투자에 충당할 충분한 현금흐름을 창출하거나, 그것이 어려우면 유상증자로 조달할 수 있다. 그리고 분명한 것은 주주들의 경우 유상증자보다는 충분한 현금흐름을 창출해 이를 성장재원으로 사용하는 것을 선호한다는 것이다.

수익성이 높은 것과 현금을 창출하는 것이 꼭 동반되는 현상은 아니다. 자본집약도가 그렇게 중요한 것은 바로 이 때문이다. 스스로 조달할 필요가 있는 자본의 양이 적을수록 그 기업이 부채에 의존할 가능성은 더 낮아진다. 이와 동시에 기업이 자신의 자본으로 올릴 수 있는 수익이 더 많을수록 장기적으로 주주를 위해 창출할 가치는 더 커진다. 가치는 투하자본수익률이 그 비용을 초과할 때 창출된다.

이런 간단한 명제를 구성하는 다양한 요인들을 상세히 소개할 수 있지만, 기본적인 원칙은 단순하다. 자본을 사용하기로 할 경우 기업은 둘 중 한 가지를 선택할 수 있다. 그 자본을 회사에 재투자하거나, 그 외 다른 대안에 투자하는 것이다. 경영진의 역할은 기업에 재투자해서 얻는 수익을 동일한 리스크를 가진 대안적인 투자로 얻을 수 있는 수익보다 크게 만드는 것이다. 재투자를 통해 얻는 이익이 대안적인 투자로 얻은 이익보다 크면 클수록 보다 많은 가치가 창출되는 것이다.

따라서 한 기업이 달성할 수 있는 자본수익률이 높을수록 경영진이 가치를 창출하기가 더 쉬워진다. 그리고 높은 자본수익률이 더 오래 지속될수록 투자의 성배인 '복리 성장'을 이루는 길을 열어주기 때문에 해당 기업과 투자자들에게 더 좋은 것이다. 높은 자본수익률이 장기적으로 복리 성장할 때 발휘되는 복리의 힘은 다음과 같은 간단한 예로 살펴볼 수 있다.

회사 A는 20%의 자본수익률을 달성할 수 있는데(대개의 퀄리티 성장기업들의 자본수익률이 이와 비슷하다), 이익의 55%를 회사에 재투자하고 45%는 배당금으로 주주들에게 지급하기로 했다. 그러면 향후 10년 동안 이 회사의 이익은 184%, 복리 기준으로는 연 평균 11% 증가하게 될 것이다.

반면 회사 B의 자본수익률은 이보다 낮은 11%인데(S&P 500에 포함된 대개의 비금융기업들의 자본수익률이 이와 비슷하다), 이익의 79%는 배당금으로 지급하고 21%는 회사에 재투자하기로 했다. 동일한 10년 동안 B의 이익은 26%, 복리 기준으로는 연 평균 2% 증가하게 될 것이다.

이를 다른 식으로 말하면, 올해 두 회사의 주당순이익이 10달러라면, 10년 후 B의 주당순이익은 12.6달러인 반면, A의 주당순이익은 28.4달러로 B의 거의 2.5배에 달하게 된다.

이는 단지 장기적으로 두 회사의 이익이 어떻게 되는 지만을 보여주

그림 3-1 | 복리의 힘 : 퀄리티 성장투자자가 이익을 재투자하는 기업을 좋아하는 이유

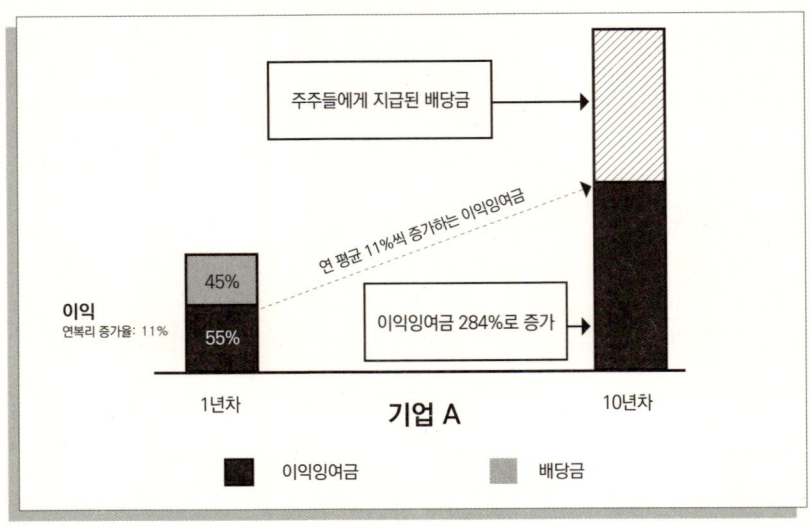

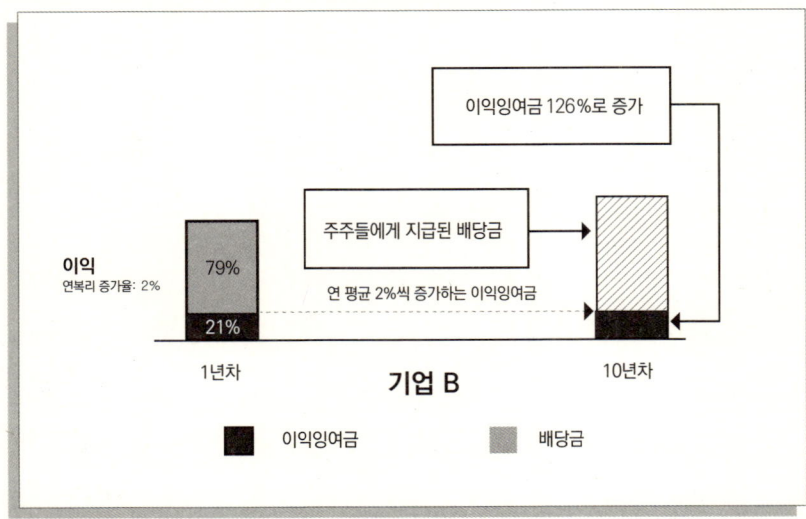

자료: 세일런투자운용

는 것으로, 이런 이익에 대해 시장이 평가할 가치에 대해서는 아무런 가정도 하지 않았다. 사실 시장은 B보다 A에 더 높은 PER을 부여할 가능성이 높고, 그렇다면 (처음에 B의 주주들이 더 높은 배당금을 받았음에도 불구하고) A에 투자한 투자자의 수익이 B에 투자한 투자자의 수익보다 훨씬 더 높을 것이다.

따라서 진정한 고퀄리티 성장기업에서 발생하는 복리의 마법으로 투자자가 이득을 보는 최선의 방법은 그 기업이 높은 수익률을 유지할 수 있다고 가정할 때, 그 기업이 배당금을 지급하는 것보다는 가능한 많은 이익을 재투자하는 것이다. 이것이 진정한 퀄리티 성장기업의 전형적인 특징이다.

재투자된 자본의 복리화는, 그렇게 되도록 투자자가 기다릴 수 있는 인내심을 가진다면, 경이로운 효과를 내는 강력한 도구다.

과제는 이를 실행하는 데 있다. 장기적으로 한 기업이 지속적으로 높은 수익률로 이익을 재투자해서 복리의 마법이라는 혜택을 누릴 수 있으려면 여러 조건이 맞아 떨어져야 한다.

우리가 살펴 본 황금법칙 가운데 일부가 바로 그런 조건이다. 요컨대 확장 가능하고 분산된 사업모델, 구조적으로 성장하는 산업에서의 주도적 지위, 지속가능한 경쟁우위를 가진 기업이 사업을 통해 창출한 현금흐름을 지속적으로 높은 수익률로 재투자할 수 있는 바로 그런 기업이다.

The Ten Golden Rules
••••••••
8. 튼튼한 재무구조

　부채가 많은 기업은 이익을 회사에 재투자하기보다는 부채와 이자를 상환하는데 써야 한다. 새로운 공장을 건설하기 위해 지속적으로 자본적 지출을 해야 하는 부채가 있는 경기민감형 기업들은 지금 현재는 건전하다 해도, 결국에는 부채를 상환하거나 만기를 연장해야 한다. 이는 기업의 이익을 압박할 것이고, 장기적으로 주가 약세로 반영될 가능성이 높다.

　금리가 낮거나 마이너스라 해도 부채는, 그것만 없었으면 우리가 정의한 퀄리티 성장기업이 될 수도 있었을 기업의 빛을 바래게 하는 오점이다. 부채를 이용하는 기업에 대한 경계는 우리가 추구하는 투자전략의 전형적인 특징 중 하나이며, 우리와 투자전략이 비슷한 다른 투자자들과 우리를 구분해주는 중요한 특징이다. 부채 없는 튼튼한 재무구조를 우리의 황금법칙으로 한 것은 우리의 장기적인 투자전략에 기본이며, 우리가 불필요한 리스크를 감수하는 것을 극도록 꺼린다는 것을 직접적으로 말해주는 것이다.

　기존의 금융이론에 따르면, 부채에는 세액공제 혜택이 주어지기 때문에 부채에 대한 이자를 지급하는 것은 기업의 법인세 의무를 경감시켜준다. 또 기존 금융이론에서는 부채로 조달한 추가 자본을 사용해 얻는 수익이 그 부채 비용을 초과하는 한 부채의 사용은 수익률을 높일 수 있다고 나와 있다. 그러나 부채는 결코 공짜가 아니다. 부채는 기업의 부담으로 남아 있고, 주주에게는 그의 투자안전을 위협하는 상당한 추가적인 리스크의 원천이 된다.

만약 금리가 상승하거나 경제가 하강국면으로 전환되면, 부채를 통해 얻던 이익은 아주 빠르게 고통과 가치상실의 근원이 될 수 있다. 부채가 제공하는 레버리지효과를 이용하는 것은 상방의 이익과 하방의 손실 모두를 악화시킨다. 금융의 역사는 종종 투자자들에게 치명적인 결과를 안기면서 과도한 부채로 몰락한 일련의 기업들로 얼룩져 있다. 인내심 있고, 현명하며, 영구적인 자본손실 리스크를 매우 경계하는 퀄리티 성장투자자는 그런 리스크를 받아들일 어떤 욕망도, 필요도 없다.

우리가 부채를 불필요하고 위험한 것으로 보는 이유는 세 가지다. 첫째, 누적된 부채가 상당한 기업은 우리의 다른 투자기준들을 충족시킬 가능성이 낮다. 이월되어 온 과거의 손실 때문에 부채가 발생한 것이라면, 이는 분명 '지속적인 수익을 기록한 과거 실적'이라는 우리의 조건에 부합하지 않는 것이다. 또 부채가 대규모 기업인수를 위한 자금조달의 결과라면, 지속적인 유기적 성장을 하지 못했음을 나타내는 것이다. 만약 부채가 열악한 자본배분결정에서 비롯된 것이라면, 이는 경영진의 판단력에 의문을 불러일으킨다. 또 사업에 대한 추가적인 재투자를 방해하는 배당금 비율을 유지하기 위해 차입을 하고 있다면, 그 기업의 성장 옵션들이 고갈되고 있거나, 어떤 선택이 진정으로 자신에게 이익인지 모른다고 할 수 있다.

둘째, 위에서 지적한 것처럼, 부채는 시장에서 책정되는 그 기업의 가치에 하나의 새로운, 그리고 잠재적으로 부정적인 요인이 된다. 부채가 없는 기업은 아주 단기간에는 아니라 해도 시간이 감에 따라 결국 장기적인 이익 증가가 주가를 견인하게 된다는 것을 확신할 수 있다. 반면 상당한 부채를 가진 기업의 주가는 그 부채 규모에 상응하는 파산 리스크와 그 기업의 원리금 상환능력에 대한 채권자들의 견해에 의해 결정된다. 이 경우 이익과 주가 사이의 직접적인 연계는 깨지고, 주가 변동성은 더 심해질 수밖에 없으며, 영구적인 자본손실 리스크는 더 커진다.

셋째, 재무상태표에 부채가 있으면 사업환경 변화에 유연하게 대응하는 능력이 제한될 수 있다. 새로운 환경이 경쟁력을 유지하기 위한 추가적인 투자나 운전자금을 요구할 수도 있다. 예를 들어, 에스티로더는 백화점, 전문점, 직영매장, 전자상거래 등 일련의 서로 다른 유통채널들을 동시에 유지할 필요가 있다. 또 기업이 환경 변화에 적절히 대응하기 위해서는 재무적 강점과 유연성이 필요한데, 부담해야 할 막대한 부채가 있으면 그런 대응을 더욱 어렵게, 혹은 더욱 비용이 많이 들게 만들 수 있다.

부채를 이용한 과도한 레버리지로 인해 운명의 부침을 겪은 대표적인 사례는 글렌코아Glencore이다. 글렌코아는 자원채굴 및 상품 거래commodity trading 부문의 세계적인 리더지만, 사업모델은 늘 차입에 크게 의존해 왔다. 2015년 금리인상 가능성에 대한 최초의 징후가 나왔을 때, 상품commodity 가격이 급락했고, 그러자 글렌코아의 주가도 급락하기 시작했다. 그리고 주가가 75% 하락해 2011년 주식시장 상장 당시 주가보다 더 떨어지기까지 그리 오랜 시간이 걸리지 않았다. 과도한 레버리지로 인한 문제에 대응하기 위해 글렌코아 경영진은 핵심 자산들을 헐값에 급매하고, 배당금 지급을 중단했으며, 재무상태를 유지하기 위해 주주배정 유상증자에 나설 수밖에 없었다. 이런 노력들은 주주들이 돈을 몽땅 잃는 것을 막아주기는 했지만, 주주들은 이미 상당한 손실을 입었고 유상증자로 인한 주주가치 희석 가능성에 직면하게 되었다.

부채가 많을수록, 그 기업이 재정문제에 직면할 경우 채권자보다 후순위인 주주의 리스크는 더 커진다. 부채는 몇 가지 부정적인 효과를 가져 올 수 있다. 우선 부채는 해당 기업의 미래이익의 현재가치를 낮추며, 금리가 상승할 경우엔 가능한 자본이득을 감소시킨다. 금리인상은 그 기업의 디폴트 리스크를 증대시키기 때문에 그 기업의 자본비용이 높아진다. 극단적인 경우에는 글렌코아처럼 주주에게 의존해 주주배정 유상증자로 신규자금을 조달할 수밖에 없을 것이다. 기존 주주들에게 주주배정 유상증자는 가치를 희석시키는 요인이 되는 경우가 많다. 그렇지 않은 경우라 해도, 다른 곳에 쓰면 더 잘 사용될 수도 있을 주주들의 자본이 유상증자에 사용된 것이다.

과도한 부채의 또 다른 보다 은밀한 부정적인 효과는 신용상태의 악화가 주가의 PER을 낮추는 경향이 있다는 것이다. 실제로 주식시장은 디폴트 리스크를 반영해 주가를 다시 책정한다. 예컨대 해당 기업의 신용부도스와프 credit default swap 거래가격을 추적 조사함으로써 투자자는 시장이 보고 있는 그 기업의 예상수명에 대한 내재 추정치를 확인할 수 있다. 2008년 리만브라더스가 파산으로 치닫던 당시, 미국 주식시장에서 가장 존경받던 기업 중 하나이며 100년이 넘는 역사를 가졌던 제너럴일렉트릭GE의 내재 예상수명은 고작 4년으로 줄어들었다. 2008년이 주식시장에 극단적인 긴장이 있었던 시기인 것은 분명했지만, GE같은 거대기업이 거의 파산직전에 갔었다는 사실은 부채가 너무 많으면 어떤 일이든 벌어질 수 있다는 것을 잘 보여주고 있다.

물론 기업이 어떤 부채도 전혀 없을 것이라고 기대하는 것은 과도한 것일 수 있다. 퀄리티 성장투자자가 꼭 부채 제로의 기업을 찾고 있는 것은 절대 아니다. 예컨대 거의 모든 기업은 운전자금이 필요하다. 부채와 관련해 수행해야 할 중요한 분석은 해당 기업의 이익과 현금흐름 능력 대비 총 유효부채effective debt를 측정하는 것이다. 따라서 애널리스트는 재무제표에 나타난 부채수치만 볼 것이 아니라 부동산 리스의무 같은 모든 우발부채 혹은 잠재부채도 꼭 확인해야 한다.

이렇게 확인한 총부채에서 현금 잔고를 빼면 순부채 수치를 얻을 수 있다. 그런 후 순부채를 그 기업의 잉여현금흐름과 비교한다. 여기서 잉여현금흐름은 영업이익에서 지급이자, 납부세금, 그리고 해당되는 경우, 영업권 상각비용이나 유형자산 감가상각비용 등을 차감하고 남은 현금을 말한다.

한 가지 일반적인 방법은 해당 기업이 잉여현금흐름에서 순부채 총액을 상환하는 데 몇 년이 걸리는지 그 연수를 측정하는 것이다. 이상적인 연수는 0 혹은 마이너스일 것이다. 그 연수가 이렇게 0이나 마이너스가 나온다면, 금리인상으로 주가가 부정적인 영향을 받을 리스크가 최소라는 것을 의미한다(부채의 만기도 중요하다. 기본적으로 만기가 길수록 부채가 기업의 일상 사업에 미치는 제약은 더 적어진다).

한 기업의 재무상태를 평가할 때 복잡한 점이 많은 것은 당연하다. 예를 들어, 이익률은 낮은 데 이익 변동성이 큰 기업은 이따금 수입 대비 부채비율이 건전한 것처럼 보일 때가 있다. 그러나 이는 정확한 평가를 방해하는 것인데, 그것은 이런 기업의 경우 상황이 급변해 재무상태가 빠르게 악화될 수 있기 때문이다. 항공산업이 그런 사례를 수 없이 제공해주고 있다.

진정한 퀄리티 성장투자자에게 튼튼한 재무구조를 가진 기업이란 어떤 환경에서도 강한 재무상태를 유지하는 기업이다. 이 황금법칙 이면에 있는 기본적인 원칙은 쉽게 이해할 수 있다. 요컨대 투자자는 부채가 거의 없거나 전혀 없는 기업을 찾아야 한다는 것이다.

The Ten Golden Rules
·········
9. 투명한 회계

지금은 작고한 에스토니아 출신 펀드매니저 닐스 타우베^{Nils Taube}는 투자자들에게 매우 간단한 조언을 남겼다. 그것은 사람들이 겨울에 오버코트를 입지 않는 따뜻한 나라에는 절대 투자하지 말라는 것이었다. 그 이유는 추운 나라의 주식거래소들은 상장기업에 엄격한 감사요건을 요구하는 경향이 있지만, 그 외 다른 나라들에서는 항상 그렇지는 않기 때문이란 것이다.[6] 투명하고 책임감 있는 회계는 우리 같은 퀄리티 성장투자자들에게는 투자를 위한 필수적인 선결조건이다. 따라서 투명한 회계의 존재 여부는 우리의 아홉 번째 황금법칙이며, 다른 황금법칙들과 마찬가지로 가장 중요한 기준에 속한다.

한 기업의 경제적 흐름을 이해하는 것이 퀄리티 성장투자자들에게 매우 중요하다. 해당 기업의 회계가 그 기업의 가치를 판단하고 관련된 투자 리스크를 평가하는 데 있어 다른 무엇보다 중요한 역할을 하기 때문이다. 퀄리티 성장기업이라면 이해하기 쉬운 회계를 할 것이며, 재무제표에 보기 힘들게 작게 표시된 주석은 그리 많지 않을 것이다. 우리는 이익이 쉽게 현금으로 전환될 수 있는 기업, 그리고 '조정 후 실적'과 보고 실적 간에 차이가 거의 없는 기업을 찾고 있다. 특별계정이 많으면 그 기업의 진짜 실적을 파악하기가 더 어렵기 때문에, 특별계정이 많은 회계는 위험신호다. 회계장부의 주석을 읽는 것도 중요하다. 이상적으로는 경영진과 주주들이 거의 이해충돌 없이 정보를 교환하고 있어야 한다. 그러나 슬프게도 많은 기업들이 실적을 가능한 좋게 보일 목적으로 고안된 다양한 회계관행 뒤에 숨는다.

아마도 은행들이 그 회계를 이해하기 쉽지 않은 사례에 속할 것이다. 은행 재무상태표의 대부분의 자산은 은행이 빌려준 대출금들이지만, 이런 대출잔고 수치는 채무자의 신뢰성이나 담보의 질에 대해서는 아무것도 말해주는 게 없다. 이런 대출금 중 일부는 적절한 시기가 되면

---

6 이런 상관관계가 존재하는 이유를 찾고 확인해보는 것은 흥미로운 일일 것이다. 그런데 어떤 논리적인 상관관계가 있다기보다는 그저 경험적으로 발견된 일일 수 있다.

부실대출로 분류되는데, 이는 차입자가 이자를 지불하거나 대출금을 상환할 수 없게 되었다는 것을 의미한다. 경기침체기에는 부실대출 건수가 증가하지만, 이를 미리 예측하기란 매우 어렵다. 은행 매니저들은 대출을 늘리는 것을 장려 받지만 의문시되는 채무자에게 돈을 빌려주는 무심한 태도를 가진 경우도 많다. 그러다 문제가 생기면 다른 은행으로 옮겨가곤 했다.

보험사도 회계를 이해하기가 쉽지 않은 또 하나의 사례다. 이들의 많은 자산과 부채가 본질적으로 복잡하기 때문이다. 보험사의 자산과 부채에 대한 가치평가는 주로 보험계리모델에 기초하고 있다. 그리고 보험계리인들의 리스크모델은 외부 투자자들이 쉽게 접근하거나 이해할 수 없는 통계적 정보와 데이터에 기초하고 있다. 이런 면에서 보험사의 회계보고서는 이해하기 어렵다는 문제가 있다. 바로 이런 이유 때문에 전통적인 금융회사들은 우리의 퀄리티 성장투자 목록에서 (설사 있다 해도) 거의 찾아보기 어렵다.

석유, 가스, 광물 같은 채굴산업의 회계도 분석하고 이해하기가 어렵다. 이들의 진짜 영업비용은 복잡하고 파악하기가 힘들다. 시간이 가면서 통합 석유회사들이 신규 광구의 채굴 및 개발 비용을 정확하게 예측하는 능력이 기술과 함께 개선되어 왔지만, 퀄리티 성장투자자가 믿을 수 있는 수준의 투명성 및 예측가능성에는 아직 크게 미치지 못한다. 퀄리티 성장산업 부문 내에서도 특별히 정밀한 조사가 필요한 일련의 회계항목들이 몇 개 있다. 부외항목들, 영업권 처리내역, 연구개발비를 비용으로 처리했는지 자본으로 처리했는지 등이 이에 속한다. 이런 항목들은 조작하기 제일 쉬운 항목들이며, 따라서 보다 심도 있는 조사가 필요하다.

The Ten Golden Rules
....
10. 우수한 경영진과 기업지배구조

　기업은 늘 그 최고경영진만큼, 딱 그만큼만 좋다. 퀄리티 성장투자자는 경영진과 주주들 간에 밀접한 협력관계가 있는지를 찾는다. 이것이 보통 의미하는 것은 경영진도 그 기업의 주주여야 한다는 것이다. 이 마지막 황금법칙은 우리가 투자하는 기업은, 좋은 경제성을 가진 것은 물론이고 경영진이 주주들에게 최고의 이익을 제공하기 위해 노력하고 있다는 것을 확신할 수 있는 그런 기업이어야 한다는 것을 의미한다. 경영진이 주주들에게 최고의 이익을 제공하기 위해서는 경영진 개인 차원에서는 정직함과 경험이 요구되며, 이사회부터 말단 조직까지 회사 전반에 걸쳐서는 좋은 지배구조 관행이 있어야 한다.

　독일의 유명한 은행가였던 칼 퍼스텐버그Carl Fürstenberg는 한 세기도 더 지난 과거에 "주주는 바보이면서 건방지다. 주식을 소유하고 있기 때문에 바보이고, 배당금을 요구하기 때문에 건방지다"라고 말한바 있다. 말하기 서글프지만, 일부 기업들은 아직도 이런 낡은 생각을 고수하고 있다. 퀄리티 성장투자자들은 다른 지표들에서 아무리 좋은 점수를 받아도 주주들을 거의 배려하지 않고 결코 존중하지도 않는 이런 태도를 답습하는 기업은 피한다.

주주에 대한 개방성과 친화성은 앵글로색슨 국가들에서 상대적으로 많이 찾아볼 수 있다. 앵글로색슨 국가의 대중들은 일반적으로 자본시장에 대해 더 많이 알고 있다. 수년 동안 런던의 유명한 블랙캡 택시 단골고객이었던 내 경험에 의하면, 택시기사들도 모두 아주 열정적으로 주식시장에 대한 의견을 낸다.[7] 주식시장에 관한 뉴스가 거의 모든 TV 뉴스에 단골처럼 등장하는 미국의 경우도 마찬가지다. 중국에서도 적극적인 주식투자자 수가 급증했다. 하지만 서구에 비해서는 주식투자자 수가 아직 적고, 많은 시장참여자들이 미화된 도박꾼에 불과하다. 지금 중국에서는 자본주의가 뿌리를 내리는 중이며, 나폴레옹의 말처럼, 중국이 깨어나면 세계가 요동칠 것이다.

유럽대륙은 다르다. 종합상업은행merchant banking이 지금의 북부 이탈리아 롬바르디 지역에서 처음 생겨났지만, 유럽대륙에서는 영국처럼 그렇게 주식열풍이 발전한 적은 전혀 없었다. 2차 세계대전으로 파괴된 경제는 자본시장보다는 은행시스템을 통해 복구되었으며, 유럽 최대 국가인 독일의 경우 특히 그랬다. 일반적으로 사람들은 매주 열심히 복권을 사면서도, 그리고 또 그로 인해 열심히 영구적인 자본손실을 입으면서도 주식거래소는 마치 카지노라도 되는 것처럼 의혹의 눈초리로

---

[7] 직업이 뭐냐는 질문을 받았을 때, 투자운용사를 경영하고 있다고 말하기 무서울 정도로 그랬다. 나는 이들과 주식에 대해 너무 깊은 대화를 나누는 것을 피하기 위해 재즈음악가도 내 직업이라고 대답하곤 한다.

보았다.

따라서 투자자가 해야 할 기본적인 숙제 중 하나는 현대 자본시장이 여러 국가들에서 어느 정도 발전했고 수용되고 있는지를 판단하는 것이다. 주식문화가 더 깊이 스며든 국가일수록 기업 경영진이 주주친화적인 태도를 취할 가능성이 더 높다. 해당 국가의 국민총생산GNP 대비 전체 상장회사의 총 시가총액 비율이 주식문화가 어느 정도 스며들어 있는지 측정하는 지표 중 하나로 사용되고 있다. 일반적으로 중국이나 유럽대륙보다 미국에서 이 비율이 훨씬 높은 데에는 이유가 있다. 미국의 경우 공개 주식시장 상장이 사업을 시작한 기업가의 궁극적인 목표로 간주되는 경우가 많은 반면, 유럽대륙에서는 상장을 해야할 이유가 별로 없다. 유럽대륙에서 주식시장 상장이란 그 기업의 지위를 상징하는 한 요소일 뿐이다.

주주에 대한 개방성과 친화성은 그 기업이 어디에 있든 우리가 퀄리티 성장기업에서 찾는 아주 중요한 부분이다. 또한 우리는 선견지명, 성장에 대한 분명한 계획, 장기적인 시각을 가진 경영진을 찾는다. 이상적인 경우, 경영진은 최소한 향후 5년의 성장 목표와 이익에 대한 계획이 있어야 한다. 투자자가 그 기업의 미래이익을 현재가치로 계산하려면 최소한 그 정도의 시간지평이 중요하다. 그렇게 계산한 현재가치를 현재의 시장주가와 비교하는 것이 해당 주식에 대한 잠재적인 투자자로서 그 주식을 평가하는 첫 번째 단계다.

성공적인 투자자들은 한 기업에 대한 투자를 결정할 때 양적인 요인과 질적인 요인들의 장점들을 비교해 따져보는 경우가 많다. 여기에 어떤 마법공식이 있는 것은 아니다. 어떤 투자자들은 경영진을 자세히 살피는 일에는 별 관심 없이 회계장부에 대한 세밀한 검토만 선호하는데, 나는 그런 투자자는 아니다. 내 경험상, 최고결정자들, 특히 재무담당이사들과 연결된 개방된 의사소통라인을 갖고 있는 것이 도움이 된다. 최고경영진과의 미팅도 권장되어야 한다.

그렇긴 하지만, 요즈음 최고임원들은 그들이 말할 수 있는 것과 말할 수 없는 것에 대해 잘 훈련된 경우가 많기 때문에 대면미팅이 항상 그렇게 생산적이거나 유익한 것은 아니다. 많은 기업이 투자자들과의 소통을 전담하는 직원을 둔 IR부서를 갖고 있다. 퀄리티 성장투자자들이 찾는 것은 경영진이 기꺼이 잘못과 실수를 인정하고, 좋을 때나 나쁠 때나 언제나 의사소통라인을 유지하고 있는 것이다. 그렇게 하고 있다면, 그리고 완전하고 솔직한 공시가 그 기업의 일반적인 규범이라면, 시간이 가면서 기업과 투자자 간의 상호신뢰가 증진된다. 그리고 그 기업에 대한 충분한 지식을 획득해서 그 기업과 높은 수준의 지적인 대화를 나누는 일은 투자자가 해야 할 의무다.

뛰어난 CEO의 특징과 관련해 나는 성격이 매우 중요하다고 보고 있다. CEO는 상황이 좋을 때는 임직원들에게 기꺼이 공을 돌리고 상황이 안 좋을 때는 자신에게 잘못을 돌리는 그런 사람이어야 한다. 이런 매력적인 기질에는 독일어로 이른바 '섬세한 감각Fingerspitzengefühl'이 어느 정도 필요하다. 퀄리티 성장투자자는 자기만 잘난 줄 아는 독선적인 CEO는 피한다. 기업의 연차보고서를 보면 CEO가 어떤 사람인지 그 단서를 일부 확인할 수 있다. 연차보고서가 화려하고, 최고경영진의 사진이 넘쳐나며, 제작비용이 비싼 보고서라면, CEO의 우선순위가 잘못되었다는 경고신호일 수 있다.

이상적인 CEO라면 지속가능한 미래이익 증가라는 공통의 목표에 투자자만큼이나 헌신적일 것이다. 좋은 특징을 많이 가진 기업에서도 결국 그 기업이 장기적으로 번성할 수 있게 해주는 것은 기업문화와 기업지배구조다. 좋은 기업이었음에도 경영진의 잘못된 결정으로 자본이 파괴되어 버린 사례는 수없이 많다. 기업이 훌륭한 경영진과 기업지배구조를 갖는 것이 매우 중요한 것은 바로 이 때문이다.

경영진을 평가하는 것은 보수, 경영구조, 내부통제, 의사결정과정을 측정하는 문제일 뿐만 아니라, 주관적인 일이기도 하다. 경영진의 개인적인 특징도 마찬가지로 중요하다. 이상적인 기업이라면 기업의 사업적 질이 너무 좋아서 적절한 자격을 갖춘 사람이라면 누구라도 경영할 수 있는 그런 기업일 것이다. 이와 관련해 워런 버핏은 "나는 너무나 훌륭해서 (그리고 조만간 바보도 회사를 경영을 할 것이기 때문에) 바보라도 경영할 수 있는 그런 기업의 주식을 사려고 한다"고 농담조로 말한 바 있다. 이는 두 가지 이유로 중요하다. 첫 번째 가장 중요한 이유는 그런 기업의 경우 핵심인력 리스크가 제한적이고, 둘째는 그렇기 때문에 실행 리스크와 자본을 잘못 배분할 가능성이 낮다는 것이다.

올바른 경영구조와 의사결정과정은 기업의 적절한 운영에 본질적으로 중요하며, 이는 각 기업별로 조사되어야 한다. 예를 들어, 다수의 최종시장에 종사하는 여러 분산된 사업모델을 가진 기업은 업무적인 결정은 현장에 보다 가까운 곳에서 하도록 하고, 경영진은 자본배분과 사업 포트폴리오 관리에 더 초점을 맞추는 보다 분산적인 의사결정과정을 가져야 한다.

반면, 집중된 사업모델의 경우에는 일반적으로 보다 중앙집중화된 의사결정과정을 필요로 할 것이다. 또한 경영구조는 경영진이 회사의 핵심 목적과 전략에서 벗어나지 않도록 이사회가 적절한 감독을 할 수 있는 것이어야 한다. 이는 경영진이 어떻게 행동할 수 있는지에 대한 한계를 설정하고, 보수체계는 그런 한계 내에서 경영진이 어떻게 행동하는지 그리고 자본이 어떻게 배분될지를 결정하게 될 것이다. 보수는 분명 인간의 의사결정에 편향적인 영향을 미치기 때문이다.

보수체계는 가치창출에 기여하는 결정을 하도록 동기를 부여하는 것이어야 하고, 이는 그런 보수체계를 정립할 수 있는 올바른 성과분석 매트릭스가 사용될 때만 가능하다. 그런 의미에서 퀄리티 성장투자자는 장기적으로 지속가능한 유기적 성장, 높은 투하자본수익률, 그리고 다른 황금법칙들을 기본적인 성과분석 지표로 사용해 경영진의 보수를 정하는 기업들을 찾고 있다. 일단 보수체계가 올바로 정립되면, 올바른 자본배분이 이루어지고, 영업활동으로 벌어들인 수입은 기업인수가 아니라 미래의 유기적 성장으로 흘러들어가게 된다. 이런 자금 흐름이 주주들에 대한 배당보다는 자본수익률의 복리화로 이어지는 것이 더 좋다. 그러나 자본이 그것이 창출되고 있는 속도와 같은 속도로 재투자될 수 없으면, 그로 인해 남는 잉여현금은 배당금 형태로 주주들에게 돌려주는 것이 좋다.

우리 같은 진정한 장기투자자들에게는 가족지배회사의 경영진이 매력적인 경우가 많다. 이런 기업은 장기투자자들에게 딱 맞는 경향이 있다. 이런 기업들은 그 주주기반 성격 때문에 단기적으로는 고통스럽지만 장기적으로는 성과를 내는 결정을 내리기가 더 쉽다. 단기적으로 돌아오는 실적보고의 압박을 받는 기업들의 경우, 장기 투자는 쉽게 택할 수 없는 부담이 되는 경우가 많다. 그러나 가족회사는 이런 단기적인 시장 요구에 덜 영향을 받으며, 미래로 이어지는 성장의 지속가능성을 훨씬 더 중요하게 여긴다. 단기적인 사고방식이 지배하는 세상에서, 경영진과 장기 주주들 간의 그런 조화로운 연계를 찾기란 쉽지 않다.

지난 몇 년 동안 투자자들은 ESG 투자라는 개념에 주목했다. ESG란 기업이나 사업에 대한 투자의 지속가능성과 윤리적 영향을 측정할 때 핵심적으로 보는 세 가지 기준인 환경environmental, 사회social, 지배구조governance의 앞 글자를 딴 용어다. 현재 금융시장은 기업의 ESG 지표가 얼마나 좋은지 훨씬 더 중요하게 보고 있다. 오랫동안 퀄리티 성장투자를 해온 투자자들은 ESG가 유행하기 훨씬 전부터 이미 이 세 기준을 모두 중요시해왔다.

상식에 기반한 퀄리티 성장투자

퀄리티 성장투자의 10대 황금법칙은 수십 년 동안 바뀌지 않았으며, 정치적이든 경제적이든 어떤 사건이 벌어져도 바뀌지 않을 것이다. 이 10대 황금법칙은 국가, 지역, 민족, 언어를 초월하는 건전한 상식에 기초한 것이다. 10대 황금법칙은 대체로 '인간적인' 요인 human factor에 의존함으로써 투자자가 해당 기업에 대한 주식시장의 가치평가^{주가}보다는 해당 기업 자체를 훨씬 더 중시하게 해준다. 이런 원칙은 투자자들이 끔찍한 영구적인 자본손실을 피할 뿐 아니라 수익은 높이고 리스크는 줄이는데 핵심적인 역할을 할 것이다.

4장

최고의 포트폴리오 만들기
Building a Portfolio

'10대 황금법칙'을 적용해서 얻을 수 있는 큰 이점은 추후 훨씬 심층적으로 분석할 수 있는 적절한 수의 기업들을 추릴 수 있다는 것이다. 이를 통해 퀄리티 성장투자자는 개별 기업의 가치평가, 그들 각각에 대한 적절한 투자비중 결정, 이들의 장기적인 지속가능성에 대한 모니터링을 포함해 포트폴리오 편입종목 선정이라는 중요한 문제에 초점을 맞출 수 있다. 요컨대 황금법칙을 적용하면 분석할 투자대상 기업군 universe을 소수로 압축할 수 있고, 따라서 실제로 포트폴리오에 편입할 20~30개 기업을 고르기 위해 60개 정도로 압축된 투자대상 유니버스만 분석하면 된다. 이는 그 실용성이 매우 높은 방법이라 할 수 있다. 반면, 일반적이고 적극적인 펀드매니저들은 분석해야 할 투자대상 기업군이 수천 개에 이를 수 있고, 그 많은 보유종목들이 벤치마크 시장지수에서 얼마나 일탈했는지 계속 모니터링 할 수밖에 없는 문제를 안고 있다.

이 적극적인 펀드매니저가, 예컨대 브리티시 페트롤룸BP이나 로열 더치 쉘Shell 같은 메이저 석유회사는 보유하고 싶은 마음이 없을 수도 있다. 그러나 그는 그가 좋아하지 않는 그런 주식들이 매분기 벤치마크 지수의 수익률에 얼마나 기여했는지로 자신의 실적이 평가되고 보수도 결정된다는 것을 알고 있다. 그래서 그는 좋아하지 않는 주식도 보유할 수밖에 없고, 자신의 실적에 대한 평가기준이 되는 벤치마크 지수까지 신경 써야 한다. 그러나 퀄리티 성장투자자는 자신의 적격 기준을 통과한 기업들만 보유하고 있으며, 시장지수가 어떻게 되고 있는지는 신경 쓸 필요가 없기 때문에 자신의 모든 시간을 그가 적극적으로 보유하길 원하는 그런 기업들에 대한 분석에만 온전히 쓸 수 있다. 투자에 대한 이런 선택적 접근이 시간을 보다 생산적으로 사용하는 방법인 것은 분명하다. 여기서는 퀄리티 성장포트폴리오를 구축할 때 관심을 가져야 할 주요 이슈들을 소개할 것이다.

그 전에 먼저 한 가지 짚고 넘어갈 것은 투자에 대해 이런 식으로 선택적 접근을 한 결과 퀄리티 성장투자자는 포트폴리오를 적절히 분산하지 못한다는 비판에 직면하게 된다는 것이다. 이번 장에서 분명히 밝히겠지만, 10대 황금법칙을 적용함으로써 불가피하게 발생하는 결과는 주식시장의 상당 부분이 사실상 투자에서 배제된다는 것이다. 주식시장 내 전체 업종을 모두 살펴보는 일은 의도적으로 하지 않는다. 달리 말해, 퀄리티 성장투자자의 포트폴리오는 선택의 문제로서, 소수 업종에서 추려낸 비슷한 특징을 가진 20~30개의 주식에만 집중될 것이다.

포트폴리오 회전율과 포트폴리오 구축

투자전략의 본질상, 그리고 다른 기업보다 퀄리티 성장기업을 선호하는 특성상 퀄리티 성장투자자는 금융시장에 주기적으로 등장하는 감정과 노이즈noise의 해악에 저항해야 한다. 퀄리티 성장투자자의 전략은 그의 투자자산 각각에 대해 개별적인 견해를 수립하고, 장기적인 관점에서 각각의 장점에 따라 그 투자자산들을 판단하며, 진정한 성장투자자의 제한 없는 시간지평에 맞게 그 자산들을 보유하는 것이다.

퀄리티 성장투자자는 한 가지 큰 이점을 갖고 시작하는데, 그것은 포트폴리오 구성의 기반으로 삼는 투자대상 유니버스의 실적 잠재력이다. 10대 황금법칙이 성공적으로 적용되었다면, 그는 최고 퀄리티의 생산적인 자산 풀을 기반으로 포트폴리오를 구축할 수 있게 된다. [그림 4-1]에서 확인할 수 있듯이, 우리가 10대 황금법칙을 모두 충족시킨 퀄리티 성장기업으로 확인하고 모니터하고 있는 투자대상 유니버스는 지금까지 아주 뛰어난 실적을 보여주었다. 그런데 앞으로도 이들 모든 기업이 지금처럼 계속 좋은 실적을 내지는 않을 것이고, 따라서 이들 중 어떤 기업이 미래에도 계속 좋은 실적을 낼 가능성이 가장 높은지 판단하는 것이 우리의 포트폴리오 구축과 관련된 과제 중 하나다.

그렇다 해도 20~30개 주식으로 집중된 포트폴리오를 기업형태별, 국가별 등의 분산이 리스크관리에 핵심이라는 생각과 어떻게 조화시킬 수 있을까? 그에 대한 답은 아주 많은 경우 그렇듯이 워런 버핏이 가장 잘 요약해 주고 있다. 주식시장 투자자로서 워런 버핏의 아주 오랜, 그

그림 4-1 | 퀄리티 성장투자 대상 유니버스의 실적 (단위: 달러)

자료: 블룸버그, 세일런투자운용

리고 화려한 경력도 우리와 비슷하게 주식시장의 상당 부분을 투자에서 배제하는 것이었다. 워런 버핏에 따르면, 분산은 투자자의 무지에 대한 보호장치라는 역할에 그 진정한 가치가 있다. 요컨대 투자자가 아는 것이 적으면 적을수록 더욱 더 분산을 지향해야 한다는 것이다. 따라서 주식시장 그 자체만큼이나 광범위하게 분산을 하고 있는 인덱스펀드는 아무것도 모르는 초보 투자자들에게 이상적인 것이다.

반면, 퀄리티 성장투자자의 존재 이유는 그가 투자하고 있는 기업에 대해 가능한 많이 그리고 정확하게 아는 것이다. 장기적으로 높은 자본수익률과 지속적인 수익성을 제공할 수 없는 그런 기업은 모두 제외함으로써, 퀄리티 성장투자자는 '분산'에 몰두하는 것보다 포트폴리오의 리스크를 훨씬 더 줄일 수 있다. 물론 투자자는 최고의 퀄리티 성장기업을 찾는 일을 잘할 수도 못할 수도 있으며, 그에 따라 평가될 것이다. 따

4장 · 최고의 포트폴리오 만들기 135

라서 투자자가 리스크를 평가하고, 기업의 발표에 대한 시장반응이 타당한 것인지 판단하고, 주가변동이 매수기회인지 매도기회인지, 혹은 기업이 곧 성장을 멈출 것인지 알기 위해서는 적절한 공부가 필요하다. 그런데 엄격하게 분석되고 모니터 되는 포트폴리오라면 그 자체가 본질적으로 리스크가 낮은 것이지, 분산이 포트폴리오 리스크를 낮추는 가장 중요한 요인인 것은 아니다.

이런 전략의 논리상 퀄리티 성장포트폴리오의 회전율도 업계 기준에서 볼 때 낮을 가능성이 높다. 이미 알려진 바와 같이 포트폴리오의 주 회전율main portfolio turnover이란 특정 기간, 예컨대 1년 동안 발생한 매수 및 매도의 거래량을 측정한 것이다. 여기서 말하는 거래, 즉 매매는 기술적인 이유보다는 펀더멘털을 이유로 주식을 매수하거나 매도하는 경우를 말한다. 분석을 통해 자신이 투자한 기업에 대해 높은 수준의 지식을 확보한 가장 엄격한 퀄리티 성장투자자의 경우에는, 포트폴리오의 주 회전율이 연간 8%를 넘지 않는 게 보통이다. 이는 각 투자자산의 평균 보유기간이 약 10~12년이라는 것을 의미한다.

이는 투자자가 장기적인 복리성장의 마법효과를 누릴 수 있는 최선의 전략이다. 그런데 포트폴리오의 주 회전율은 펀드에 유입되거나 유출되는 자금흐름에만 영향을 받아 이루어지는 매도 및 매수와 구분되어야 한다. 펀드로 유출입되는 자금흐름이 크면, 투자자 수요의 변화에 맞추기 위해 상당한 양의 추가적인 매도나 매수가 필요하다. 이 경우 규제당국의 요구로 펀드가 보고하는 회전율 수치는 투자자의 내재 보유기간에 대해 잘못된 정보를 줄 수 있다. 시장 상황이 좋아서 펀드에 대한 신규 투자자들의 수요가 높을 때는, 우리 경험상 규제당국이 요구하는 기준에 따라 펀드들이 보고하는 총 회전율 수치는 25% 정도까지 오를 수 있는데, 이는 보유기간이 단 4년에 불과하다는 것을 의미한다. 그런데 이는 우리가 투자한 기업에 실제로 부여하고 있는 장기적인 시간지평을 상당히 축소해 보여주는 것이다.

일반적인 믿음은 종목 분산이 포트폴리오 리스크를 넓게 분산시킨다는 것이다. 많은 종목을 소량씩 포트폴리오에 보유함으로써 투자자는 어떤 특정 종목에서 과도한 손실을 보더라도 전체적으로는 보호된다는 것이다. 이런 믿음은 어느 정도 논리적이긴 하지만, 피상적이기도 하다. 오히려 철저한 분석을 한 후에 보유하고 있는 기업들이 실패하지 않을 뿐 아니라 미정된 미래의 상당 기간 동안 생존하고 번성하고 성장하리란 것을 확신하는 것이 더 낫지 않을까? 튼튼한 재무구조 속에서 이익이 복리로 증가하는 것이 보다 낮은 리스크로 보다 우수한 수익을 제공하지 않을까? 일단 이런 생각이 확립된다면, 당연히 많은 종목을 소량씩 보유하기보다는 적은 종목을 대량으로 보유하는 경우가 수익성이 더 좋지 않을까? 결국 어떤 사람도 많은 수의 업종이나 기업에 대해 아주 자세한 지식을 얻기란 불가능하다.

이런 보다 합리적인 추론으로 무장한 퀄리티 성장투자자는 자연히 업계 기준에서 볼 때 상대적으로 집중된 포트폴리오를 구축하게 될 것이다. 직업 펀드매니저에게는 리스크의 분산과 집중 사이에 균형을 유지해야 할 당국의 규정과 펀드의 내부규정이 있다. 예를 들어 유럽연합의 이른바 UCITS 규정에 따라 판매되는 펀드는 한 보유종목에 펀드의

10% 이상을 투자할 수 없으며, 포트폴리오의 5% 이상을 차지하는 보유 종목들은 모두 합해서 펀드의 40%를 초과할 수 없다.

얼마나 많은 종목을 보유할 것이며 이들 종목이 포트폴리오에서 차지하는 비중은 어떻게 할지를 결정할 때, 펀드매니저는 각각의 보유종목에 내재된 리스크들을 잘 이해하고 있어야 하며 그 리스크들이 잘 관리되고 균형이 잘 유지되고 있다는 것을 확인해야 한다. 20~30개 종목으로 구성된 포트폴리오는 평균적인 액티브펀드actively managed fund(적극적으로 운용되는 펀드, 패시브펀드의 반대 개념)와 비교할 때 그 규모가 작긴 하지만, 적절한 수준의 분산은 충분히 제공하고 있다. 이런 리스크들은 개별 종목 수준이 아닌 포트폴리오 수준에서의 관리를 요한다. 어떤 투자의 경우, 그 투자 자체만 독립적으로 볼 때는 좋은 투자지만 전체 포트폴리오 맥락에서는 나쁜 것이 될 수도 있다. 포트폴리오 수준에서 리스크를 관리함으로써 투자자는 벌크 리스크를 피할 수 있고, 동일한 경제적 혹은 사업적 추세에 의존하고 있는 투자자산들을 한꺼번에 너무 많이 보유하는 것을 피할 수 있으며, 동시에 충분한 지리적 분산을 확보할 수 있다. 이런 맥락에서, 10대 황금법칙을 거쳐 선정된 퀄리티 성장기업들은 이미 황금법칙에서 바람직한 것으로 제시한 지리적 시장 분산 및 광범위한 고객들을 확보한 기업이란 것을 기억하자.

집중된 포트폴리오가 실적에 해롭다는 증거는 어디에도 없다. 예일대학의 안티 페타지스토Antti Petajisto는 한 연구논문에서 1990년부터 2009년까지의 데이터를 사용해 집중된 포트폴리오들의 실적을 연구한 바 있다. 약간 시간이 지난 연구이긴 하지만, 그 결론은 지금도 의미가 있다. 이 기간 지수 추종 포트폴리오의 수익률이 연간 마이너스 0.41%를 기록한 반면 아주 집중된 포트폴리오는 연간 1.26%의 순수익을 냈다. 페타지스토의 연구가 이 집중된 포트폴리오의 퀄리티가 어땠는지 보여주지는 않았지만, 그럼에도 불구하고 집중을 통해 보다 우수한 수익을 올릴 수 있다는 사실은 잘 보여주고 있다. 퀄리티 성장투자자라면 이런 사실에 놀라서는 안 될 것이다.

소수의 관리 가능한 종목들을 비교적 대량 보유하는 것으로 포트폴리오를 구축하기 위해서는 지식, 독립적으로 사고할 자유, 그리고 자신의 확신에 대한 용기가 필요하다. IT산업에서 회자되는 유명한 말을 빌려 말하면, 지금까지 IBM 주식을 샀다는 이유로 해고된 펀드매니저는 없다. 대체로 맞는 말이지만, 직장을 지키기 위해 원칙을 타협하는 것은 부의 보존과 증식에 도움이 되지 않는다. 필요한 지식을 얻기 위해서는 인내와 끈기 그리고 시간이 필요하며, 조금이라도 더 알고자 하는 탐구심이 필요하다. 훌륭한 기업을 매력적인 가격에 살 최고의 기회는 당연히 시장이 급락해서 부정적인 감정이 만연할 때 온다. 그런 순간에 수익을 내기 위해서는 군중과 반대로 갈 용기 그리고 새로운 투자를 함께 할 좋은 펀드를 고르는 능력, 이 두 요인이 모두 필요하다.

투자하지 않아야 할 사업들

앞에서 설명한 대로, 10대 황금법칙 중 최소한 하나의 기준 그리고 일부는 거의 모든 기준을 통과하지 못했기 때문에 우리가 결코 투자하지 않을 많은 업종이 주식시장에는 존재한다. 여기에는 유틸리티, 은행, 통신telecommunications, 상품생산commodity producers, 항공, 자동차 등의 업종이 포함된다. 사실 투자 회피 기업들 목록은 포트폴리오 편입을 고려중인 기업들 목록보다 항상 길다.

투자 회피 업종들 중 퀄리티 성장투자가 요구하는 퀄리티와 성장을 누리고 있는 업종은 하나도 없다. 유틸리티업종은 꾸준히 현금을 벌어들이기는 하겠지만, 사업 범위와 성장 잠재력은 제한되어 있다. 은행은 당국의 지속적인 감독 하에 사업을 하고 있다. 대부분의 은행은 본질적으로 방어적이고, 정부의 간섭, 극심한 경쟁, 그리고 그들이 통제할 수 없는 다른 힘들, 특히 그들의 전체 사업모델이 기초하고 있는 자금비용금리의 지배하에 있다. 이런 형태의 일부 기업들을 퀄리티 성장기업에서 탈락시키는 요인들을 보다 자세히 살펴볼 가치가 있다.

당연히 이런 투자 회피 기업들 목록에는 주가가 매우 싸 보이는 기업들이 포함된다. 투자자는 이런 싼 기업에 혹해서 자신의 원칙과 리스크 기준에서 일탈하고 싶은 유혹에 빠지지 않도록 굳게 원칙을 지키는 것이 중요하다. 오랜 시간을 거치면서 내가 범했던 대부분의 큰 실수들은 바로 이런 식의 일탈에서 비롯된 것이었다. 많은 경우 그렇게 주가가 싼 데에는 다 그만한 이유가 있는 것으로 밝혀졌다.

'아주 싼' 주식의 유혹에 저항하는 것이 어려운 것만큼이나 매수 시점에 퀄리티 성장기업들, 장기적으로 가장 꾸준한 수익을 제공할 기업들이 거의 항상 비싸 보이는 것을 수용하는 것도 어려운 일이다. 바로 이 때문에 가치투자자들이 해당 시장에서 최고의 실적을 내고 있는 주식들을 절대 보유하지 않는 경우가 종종 있다. 반면 퀄리티 성장투자자는 역대 가장 유명했던 광고문구 중 하나인 "비싼 값을 합니다reassuringly expensive"[1]란 말처럼 비싸보여도 최고의 실적을 내고 있는 그런 주식들을 찾는다.

1) 은행

최근 나는 한 주요 은행 CEO에게 은행 재무제표를 이해할 수 없어서 은행주는 절대 사지 않는다고 말한 적이 있다. 그는 자신도 은행 재무제표를 이해할 수 없다고 했다. 그는 농담으로 한 말일 수 있지만, 나는 그렇게 보지 않는다. 은행의 재무제표는 이해하기 어려운 것으로 악명이 높고, 어쨌든 은행의 사업모델은 퀄리티 성장투자자의 기준에는 매우 부정적인 레버리지차입자금 이용에 크게 의존하고 있다.

은행주를 퀄리티 성장투자에서 배제시키는 요인은 재무제표 문제뿐만이 아니다. 은행의 전체적인 전통적 사업모델은 위협, 특히 기술변화에 따른 위협을 받고 있으며, 기존 은행들이 자신의 전략적 약점을 극복하기 위해서는 수년에 걸친 (말하자면, 어떻게 그 힘이 추락했는가 등에 관한) 자기분석이 필요할 것이다. 결과적으로, 은행주 주주들은 막대한 영구적 자본손실을 입었다.

은행들의 국가 개입에 대한 민감성도 퀄리티 성장투자자들이 추구하

---

1 역자 주: 영국에서 크게 히트했던 스텔라 아르투아 맥주의 광고문구로, 자사 맥주가 다른 맥주보다 비싸지만 비싼 값을 충분히 할 정도로 만족을 준다는 의미이다.

그림 4-2 | 퀄리티 성장투자 대상 유니버스 vs 은행업종

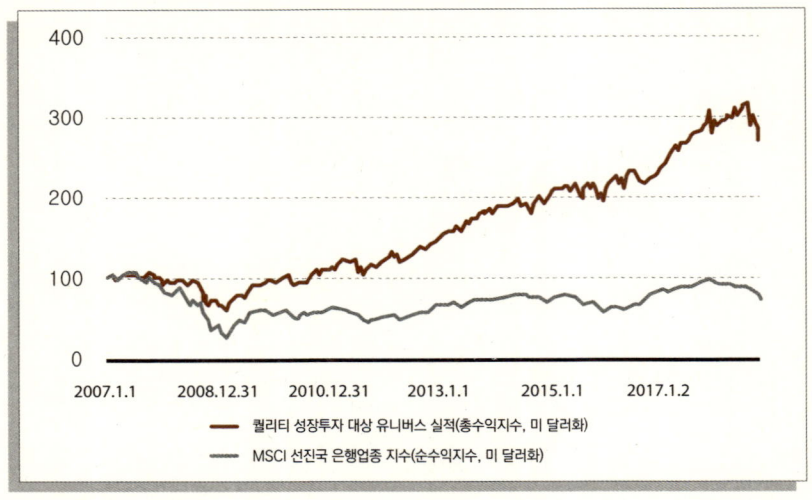

자료: 세일런투자운용(2019년)

* 퀄리티 성장투자 대상 유니버스는 배당금을 재투자한 것으로 가정하여 일간 기준으로 동일 가중하고 비중 조정한 것이다.

는 것과는 아주 동떨어진 것이다. 이는 이익의 예측가능성과 지속가능성을 없애버린다. 한 기업의 수익 증가 전망이 모호할 경우, 미래의 수익력을 할인하는 일은 기껏해야 부정확하고, 최악의 경우 더 이상 쓸모없는 일이 되고 만다.

2) 통신

얼핏 보기에 통신기업들은 퀄리티 성장기준을 통과할 것 같은 기업이다. 전 세계에 걸친 데이터의 폭발적 증가는 이들의 견고한 미래 성장을 시사하는 것일 수 있다. 또 대부분의 국가에서 3~4개 통신기업만이

그림 4-3 | 퀄리티 성장투자 대상 유니버스 vs 통신업종

- 퀄리티 성장투자 대상 유니버스 실적(총수익지수, 미 달러화)
- MSCI 선진국 통신업종 지수(순수익지수, 미 달러화)

자료: 세일런투자운용(2019년)

시장을 지배하는 과점이 형성되어 있기 때문에 전체적인 이익률^{margin}은 높다. 이런 과점을 통해 막대한 부를 창출했던 벨^{Bell}이나 텔멕스^{Telmex} 같은 기업이 갑자기 떠오른다. 그럼에도 불구하고 이들 기업이 성장함에 따라 신규 사업자들이 시장에 진입하려 하고, 결국 시장을 선도했던 통신기업들은, 통신은 모든 사람이 이용할 수 있는 저렴한 공공 서비스가 되어야 한다는 정부의 간섭으로 인해 그 수익성이 잠식된다.

3) 에너지 생산

이미 설명한 것처럼 퀄리티 성장기업은 가격결정력을 갖고 있다. 이들은 이런저런 사건에 휘둘리지 않는다. 퀄리티 성장기업은 자신의 판

단으로 가격을 책정할 수 있다. 이런 기준에 따라 자연히 광산 및 에너지 기업 같은 상품commodity 생산기업은 배제된다. 상품 가격이 상승할 때 이런 기업은 높은 자본수익률을 올릴 수 있지만, 수요와 공급이 다시 균형을 이루는 쪽으로 움직이기 때문에 불가피하게 뒤따르는 가격 하락에 늘 취약한 상태다. 그리고 호황기에 행해진 높은 수준의 레버리지로 인해 이런 주기가 악화되는 경우가 많다.

그리고 기후변화와 싸우기 위한 국제적 클린에너지운동은 어쨌든 전통적인 에너지원을 급속도로 불필요한 것으로 만들어가고 있는 중이다. 한때 OPEC석유수출국기구와 OAPEC아랍석유수출국기구이 가격결정력을 앞세워 자신들의 이익 증진을 위해 그 힘을 사용했지만, 지금 이들 회원국은 대체로 수세적인 입장에 있다. 게다가 전통적인 석유에너지에 대한

그림 4-4 | 퀄리티 성장투자 대상 유니버스 vs 상품(Commodity) 생산업종

자료: 세일런투자운용(2019년)

수요 하락이 진행되는 가운데 주기적으로 새로운 석유가스 매장지가 발견되고 있는 상황이다. 이 두 요인이 결합되면 가격결정력은 강해질 수가 없다.

전 세계 소비자들에게 매우 중요한 석유가격도 초강대국들이 연루된 정치적 사건에 주기적으로 휘둘리게 되었다. 일부 중요한 석유생산국 중에는 분쟁이나 혁명에 의해 정치상황이 주기적으로 악화되는 베네수엘라나 리비아 같은 제3세계 국가가 포함되어 있다(결국 이 두 국가 모두 정부가 제 기능을 못하는 실패한 나라failed states가 되었다). 이는 석유의 원활한 생산에 지장을 주고 세계시장에 대한 공급을 방해함으로써 인위적인 유가 상승을 유발할 수 있다.

4) 항공

항공산업은 본질적으로 경기에 민감하며 예측불가능하다. 유가 변동도 항공사들의 손익에 큰 타격을 줄 수 있다. 게다가 각종 재난이나 사건·사고 등은 이들의 수익성에 치명적이다.

또 기존 업체의 시장지배에 도전하는 저가항공사들의 등장으로 시장 판도가 달라지고 있다. 항공업체들은 오랫동안 어려운 상황에 있었으며, 합병과 사업제휴를 통한 시장지위 개선을 추구하고 있다. 브렉시트를 고려해 영국 항공사들이 택한 방어적인 태도는 이와 관련된 또 하나의 예다.

이런 전통적인 요인들 외에도, 세계 기후변화에 여러 국가가 적극적으로 대응하기 시작한 것도 조만간 어떤 식으로든 대중의 항공여행을

그림 4-5 | 퀄리티 성장투자 대상 유니버스 vs 항공업종

― 퀄리티 성장투자 대상 유니버스 실적(총수익지수, 미 달러화)
― MSCI 선진국 항공업종 일간 지수(순수익지수, 미 달러화)

자료: 세일런투자운용(2019년)

제약하게 될 것이다. 이는 항공사들의 장기적인 이익 성장에 거의 도움이 되지 않는다.

5) 자동차

퀄리티 성장기업들은 낮은 자본집약도를 특징으로 한다. 이것이 의미하는 것은 성장을 지속하는데 필요한 자본적 지출이 대개의 경우 최소한도로 유지되고 있다는 것이다. 이는 경기민감형 산업에는 적용되지 않는 것이다. 자동차업종은 성장을 유지하기 위해 주기적으로 막대한 자본적 지출이 필요한 아주 전형적인 산업이다. 물론 일부 자동차제조사는 이익률이 높은 비싼 브랜드들을 갖고 있지만, 대부분은 이익률

그림 4-6 | 퀄리티 성장투자 대상 유니버스 vs 자동차업종

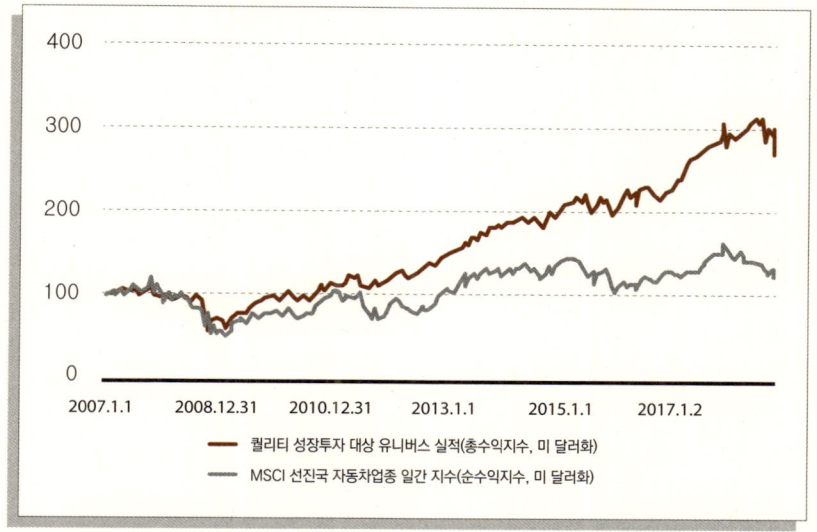

─── 퀄리티 성장투자 대상 유니버스 실적(총수익지수, 미 달러화)
─── MSCI 선진국 자동차업종 일간 지수(순수익지수, 미 달러화)

자료: 세일런투자운용(2019년)

이 낮고, 가격결정력도 거의 혹은 전혀 없으며, 경기하강에 휘둘리고 있다. 통계에서 확인할 수 있듯이, 경기하강기에 소비자들이 처음 보이는 반응 중 하나는 신차 구입을 자제하는 것이다. 예를 들어, 지난 2008년 금융위기가 정점에 달했을 때 자동차 생산은 거의 50%나 감소했다.

이뿐만 아니라 폭스바겐의 디젤스캔들은 다른 유명한 브랜드에도 그 영향이 확산되면서 자동차산업의 명성에 치명적인 타격을 입혔다. 그로 인해 부과된 벌금도 폭스바겐의 재무상태에 곧바로 영향을 끼칠 것이다. 이것으로 문제가 끝나는 것이 아닐 수도 있다. 미국 증권거래위원회도 투자자들을 사취한 혐의로 폭스바겐을 고발할지 모른다.

전통적인 자동차시장도 전기차와 자율주행차의 등장으로 위기에 처

해있다. 예를 들면, 영국에서는 2030년부터 새로운 석유나 디젤 차량의 판매를 금지하자는 제안이 있다(영국정부는 2040년부터를 목표로 하고 있다). 이것이 바뀔 수도 있지만, 자동차산업에 대한 전략적인 위협이 있는 것은 분명하다. 이런 요인들은 퀄리티 성장기업의 특징은 결코 아니다. 엘론 머스크의 테슬라같은 혁신이 나오기만 해도, 대부분의 주류 자동차제조사들은 결국 경쟁에서(혹은 퀄리티 성장투자자의 관심대상에서) 도태되고 말 것이다.

자동차가 발명된 후 20세기 초 수백만 마리의 말이 도살되었다. 현재의 주류 자동차제조사들의 운명도 그렇게 비참해질 수 있다.

6) 스타트업과 기업공개

퀄리티 성장투자자가 피하는 또 다른 분야는 스타트업 기업들이다. 스타트업에 대한 투자기회는 특히 첨단기술 분야와 이른바 신경제 부문에 많이 있다. 투자자들은 귀가 얇은 대중을 대상으로 젊은 기업가들이 처음 소개하고 이들의 투자자문가들이 재차 강조해주는 기술적 혁신에 투자함으로써 빠른 수익을 내려는 유혹을 주기적으로 받는다. 그러나 불행히도 일부 대단한 성공사례가 있긴 하지만, 평균적으로 볼 때 실제로 성공하는 스타트업은 극소수에 불과하다.

퀄리티 성장투자자가 스타트업에 매력을 느끼지 못하는 가장 결정적인 문제는 성공의 과거 실적이 없다는 것이다. 예를 들어 영국의 대다수 스타트업들은 1년도 되지 않아 실패했고, 그럼으로써 그들에 투자한 투자자들에게 영구적인 자본손실을 입혔다. 실제로 확인할 수 있는 과거의 성공 실적이 없다면 미래 수익을 전망할 어떤 기초도 있을 수 없다. 따라서 자동적으로 퀄리티 성장투자자는 스타트업에 대한 투자는 피하게 된다.

퀄리티 성장투자자는 신규 기업공개, 즉 IPO 투자에도 거의 매력을 느끼지 않는다. 역사적으로 IPO 투자자들이 IPO 기업에 끌린 것은 주식거래소에 상장되기 전에 그 주식이 많이 팔린다는 점 때문이었다. IPO 청약에 참여한 투자자가 많을수록, 상장 후 매매가 시작되면 주가가 급등할 가능성도 커지고, 그러면 빠른 자본차익을 올릴 수 있다. 그런 후 그 차익을 은행에 넣고 다른 곳으로 이동한다. 이는 지금은 거의 쓰지 않는 말이지만 과거에 '스테깅stagging'이라고 했던 투자관행이다.

물론 퀄리티 성장주식을 포함한 모든 상장기업은 과거 어떤 시점에 주식시장에 상장된 기업들이다. 그러나 처음 시장에 상장할 때 대부분의 기업은 퀄리티 성장투자자의 기준을 충족시킬 수 있을 정도로 충분히 성숙한 상태는 아니다. 상장 시점에도 아직 전혀 이익을 내지 못하는 기업도 있다. 또 어떤 기업은 그저 더 많은 자본을 조달할 목적으로 상장을 하기도 하는데, 이는 성숙한 최고의 기업은 거의 할 필요가 없는 일이다. 최근 몇 년 만 해도 신규 상장기업들이 리스크도 함께 동반할 수 있다는 것을 보여주는 사례는 많다.

2019년 많은 '유니콘'들(벤처캐피탈에서 칭하는 용어로, 10억 달러 이상으로 평가된 비상장기업들)이 미국 주식시장에 상장하겠다는 계획을 발표했다. 이런 유니콘 중에는 세계 여러 도시에서 기존의 면허택시사업에 도전하고 있는 차량호출서비스기업인 리프트와 우버처럼 세간의 이목을 끄는 기업들도 포함되어 있었다. 자사 주식의 매력도를 높일 목적으로 이 두 기업은 사업모델이 운전기사와 잠재고객을 연결해주는 정교한 플랫폼에 의존하고 있다는 것을 전제로 하여 기술업종으로 분류되었다.

이 두 기업은 모두 막대한 손실을 내고 있었지만, 그럼에도 불구하고 이들의 상장을 기대하는 열렬한 투자자들을 찾아낼 수 있었다. 우버의 경우, 손실을 내고 있었음에도 불구하고 상장 후 최초 거래 시가를 보면 900억 달러 가까운 기업가치를 가진 것으로 평가되고 있었다. 우버와 리프트는 막대한 자본적 지출에 필요한 자금을 확보하고 지속적인 현금유출을 메우기 위해 주기적으로 한 번씩 신규자금을 조달해야 하는데, 그것으로 수익을 낼 것이라는 보장은 전혀 없다.

우버와 리프트의 사례는 밀레니엄 전환기에 있었던 과도한 닷컴버블을 강하게 연상시킨다. 그 당시 PER같은 전통적인 가치평가 지표들은 완전히 무시되었다. (우버와 리프트 같았던) 많은 닷컴기업들은 손실을 내고 있었기 때문에 이들은 PER 계산에 필요한 이익도 전혀 없었다. 그 대신 닷컴주식 홍보자들은 닷컴기업들에 부여된 높은 가치평가를 정당화하기 위해 클릭 수 같은 새로운 지표들을 고안해냈다. 당연히 투자자들은 막대한 영구적 자본손실을 입었다. 대부분의 닷컴기업들의 IPO가 있었던 나스닥시장은 2000년 3월 고점을 찍은 후 2년 반 만에 전체 시가총액의 3/4 이상을 잃었다. 그리고 다시 그 고점을 회복하는 데 거의 13년이나 걸렸다.

이런 재앙 같은 결과로 치닫던 시기에 (나를 포함해) 엄격하게 원칙적인 투자법을 고수했던 투자자들은 투자의 변화를 이해하지 못하는 구식의 고루한 사람들이라고 많은 비판을 받았다. 다행히도 마지막에 웃은 사람은 우리였다. 그 후 몇 년 동안 퀄리티 성장주식들이 때 맞춰 평균 이상의 수익을 제공해줬기 때문이다. 사실 그 당시 시장을 지배했던 닷컴에 대한 열광은 많은 기존 기업들의 주가를 장기투자자들에게는 황금의 투자기회가 되는 그런 수준까지 떨어뜨려주는 역할을 했다.

주목하는 업종들

퀄리티 성장투자자가 투자할만한 기업을 찾을 가능성이 낮은 업종들을 찾는 것은 쉽지만, 퀄리티 성장기업을 발견할 수 있는 업종을 일반화하기란 그리 쉽지 않다. 우리의 펀드 현황자료표에 가장 자주 등장하는, 요컨대 우리의 퀄리티 성장포트폴리오 편입 기업들이 가장 많이 포함된 업종은 다음과 같다.

- 정보기술 information technology
- 임의소비재 consumer discretionary companies
- 헬스케어 healthcare
- 산업재 industrials
- 필수소비재 consumer staples

그러나 지수 제공자들이 분류한 기업 및 업종 분류가 적절치 못한 경우가 많기 때문에 이 역시 완전한 정보는 못된다. 예를 들어 구글의 알파벳은 IT기업으로 분류되어 있지만, 사실 어떤 의미로 봐도 기술기업이 아니라 광고기업이다. 투자자들은 지수 제공자들이 개별 주식에 붙이는 지나치게 단순화 한 꼬리표를 언제나 면밀히 검토하고 그 기업의 실제 펀더멘털에 초점을 맞춰야 한다.

시장 변동성에 대처하는 법

주식시장 변동성은 여러 리스크 중 하나로 보통 인식되고 있다. 이런 변동성은 전체로서 시장지수에도 적용될 수 있고, 시장의 개별적인 각 구성부분에도 적용될 수 있다. 전자, 즉 전체로서 시장의 변동성은 여러 이유로 발생할 수 있다. 갑작스러운 금리의 변동, 혹은 '블랙스완black swans'으로 알려진 예상치 못했던 사건들이 급격하고 예측불가능한 반응을 유발할 수 있다. 이런 반응은 상방이나 하방 양 방향으로 발생할 수 있다. VIX라는 특별한 지수('공포지수fear gauge'라고도 불린다)도 있는데, 이는 현재 시장주가에 내포된 내재 변동성을 측정하기 위한 것이다. VIX지수는 상대적으로 시장이 차분한 시기에는 낮고, 시장이 요동치는 시기에는 높다.

일반적으로 시장이 높은 변동성을 보여주는 시기는 변동성이 낮은 시기보다 리스크가 더 큰 상태로 간주된다. 그러나 퀄리티 성장투자자 시각에서 볼 때 매일매일의 시장 분위기의 변화는 감정이 이성을 이긴 사례인 경우가 많다. 사실 퀄리티 성장투자자 입장에서 볼 때, 시장에 변동성이 극심한 날은 포트폴리오 조정 기회를 주며, 그럼으로써 변동성을 유리하게 활용할 수 있다. 그러기 위해서는 꾸준히 신경을 써야 하고, 그의 마음속에는 '주가 변동성은 해당 기업의 사업 변동성과 같은 게 아니라는' (그리고 퀄리티 성장투자 대상 유니버스 주식인 경우에는 전혀 아니라는) 생각이 자리 잡고 있어야 한다.

영어의 b에 해당하는 그리스어 베타^{beta}가 전체 시장의 움직임에 대한 주식들의 민감도를 측정하는 지표로 널리 사용되고 있다. 베타가 1보다 큰 주식은 주가가 해당 시장보다 평균적으로 더 높은 비율로 상승하거나 하락하는 주식을 말한다. 반대로 베타가 1보다 작은 주식은 주가가 시장지수보다 낮은 비율로 상승하고 하락하는 주식을 말한다. 베타는 시장의 기본적인 유동성에 영향을 받는 유동성의 함수인 경우가 많고, 따라서 시가총액이 작은 기업들은 주식이 대량으로 매매될 때(거래량이 많아질 때) 그리고 매수자와 매도자가 서로 맞는 상대방을 찾기 어려울 때(호가차이가 클 때) 보다 큰 가격변동을 보인다.

퀄리티 성장투자자가 따르는 원칙 중 하나는 오랫동안 꾸준히 성장해 온 실적을 가진 기업을 찾는 것이다. 여러 해 동안 이렇게 꾸준히 이익이 증가했다면 그 복리효과로 인해 이들 기업은 보통 시가총액이 큰 기업이 되었을 것이다. 이렇게 시가총액이 크면 대개 매수자와 매도자가 서로 쉽게 만날 수 있기 때문에 자연히 베타가 1보다 낮은 경우가 많다. 따라서 퀄리티 성장포트폴리오에는 극단적인 변동성이 거의 문제가 되지 않는다.

　결론적으로 말하면, 주식시장과 개별 주식의 변동성은 그 시점에 투자자들을 지배하는 군중심리를 보여주는 지표다. 날씨처럼 이런 심리는 매일매일 장중을 포함해 수시로 변하기 쉽다. 그러나 날씨의 경우와 마찬가지로 이런 현상에 대한 퀄리티 성장투자자의 태도는 '개가 짖어도 마차는 계속 간다the dog barks, but the caravan goes on'와 같은 것이 되어야 한다.

퀄리티 성장투자와 헤징

　하나의 주식 포트폴리오를 헤징한다는 개념은 일반적으로 주가의 갑작스런 하락 리스크에 대비해 보호수단을 확보하는 것을 말한다. 헤징Hedging은 벤치마크 시장지수발 리스크에 대비할 수 있는 도구들을 사용함으로써 전체 포트폴리오를 대상으로 하거나, 포트폴리오의 각 포지션과 관련된 파생상품을 통해 개별 주식들을 대상으로 행해질 수 있다. 이 두 경우를 조합해 헤징할 수도 있다. 이렇게 헤징하는 데는 많은 복잡한 방법이 있지만, 대부분의 경우 주식 포트폴리오를 헤징하는 것은 투자자 입장에서 볼 때 시간과 돈을 낭비하는 일이다. 대개의 경우 헤징으로 돈을 버는 것은 헤징계약 상대 당사자뿐이다. 이는 손해가 발생할 경우의 리스크에는 대비가 되었지만 실제로 손해는 거의 발생하지 않는 보험계약을 드는 것과 비슷하다.

퀄리티 성장투자자의 경우, 헤징기법을 포트폴리오에 적용하는 것에 기본적인 결함이 내재되어 있다. 퀄리티 성장투자자의 전략은 그가 투자한 기업들로부터 자신 있게 기대할 수 있는 장기적인 수익에 기초하고 있기 때문에 보다 단기적인 주가 하락에 대비해 헤징프로그램으로 그런 장기적인 수익을 방어한다는 것은 거의 의미 없는 일이다. 한 기업에 대한 기본적인 기대가 하락하면, 퀄리티 성장투자자는 그저 그 주식을 팔고 다른 곳으로 옮겨갈 것이다. 풋옵션으로 자신의 포트폴리오를 보호하는 것은 투자자가 해당 기업에 대한 지식이 부족하다는 것을 의미할 뿐이다. 헤징도구들은 부적절한 지식으로부터 투자자를 보호해 줄 수 없다. 해당 기업이 퀄리티와 성장성 기준을 충족할 경우, 그 기업에 대한 충분한 지식을 갖추면 헤징도구는 사용할 필요가 없다.

그런데 외환 리스크를 헤징하는 것은 또 다른 문제다. 일반적인 규칙은 투자자는 그의 부채의 가장 많은 부분이 어떤 통화로 잡혀있느냐에 따라 그 통화로 자산을 평가해야 한다는 것이다. 그런데 실상 이런 규칙은 잘 지켜지지 않는 경우가 많다. 외국통화의 가치는 변동성이 매우 심할 수 있으며, 시간, 일간, 월간, 연간 단위로 자주 변할 수 있고, 펀더멘털과 투기의 복잡한 조합으로 결정될 수 있다. 본질적으로 외환은 수익성 높은 투자자산은 아니다. 이는 단지 거래수단, 장부상 사용하는 계산화폐, 그리고 다른 통화존의 가치저장 등의 역할을 하고 있다.

거래가 자유로울 때 환율은 예측불가능하게 움직일 수 있고, 또 그렇게 움직인다. 이런 리스크를 방치하면 투자자는 영구적인 자본손실 위험에 노출된다. 외국의 퀄리티 성장기업에 대한 외화 투자가 해당 통화

가치의 하락으로 손실을 입을 리스크가 있는데, 이에 대한 어떤 보호수단이 없으면, 퀄리티 성장투자자라해도 보험 없이 불필요한 리스크를 감수하고 있는 것이다. 따라서 해외 퀄리티 성장기업들로 구축된 국제 포트폴리오를 운용할 때는 포트폴리오 기본통화를 기준으로 해외 투자자산의 가치를 보호할 목적으로 외환 헤징을 하는 것이 투자전략의 한 부분이 되어야 한다.

그러나 이런 종류의 헤징도 피상적인 보호만 제공하는 경향이 있다. 마찬가지로 중요한 것은 포트폴리오에 편입된 기업들이 각자 어느 정도 외환 변동성에 노출되어 있느냐 하는 것이다. 모든 기업들이 투자자들에게 이런 정보를 충실하게 제공하는 것은 아니며, 대부분의 관련 정보는 추정할 수밖에 없다. 포트폴리오 수준에서 하는 외환 헤징의 대부분은 포트폴리오 편입 기업들의 외환 변동성 노출 정도에 대한 불완전한 근사치에 기초하고 있으며, 따라서 불리한 외환 변동에 대해 부분적인 보험만 제공할 수 있다.

한 가지 또 다른 경고사항이 있다. 외환 거래에는 최소한 두 당사자가 필요하기 때문에, 퀄리티 성장투자자는 한 리스크(자신의 외화자산의 외재가치가 하락함으로써 돈을 잃을 리스크)는 상대방에게 넘기면서 그로부터 다른 리스크(그의 헤징 거래 상대방이 의무를 불이행할 리스크)를 넘겨받게 된다. 헤징 상품이 만기가 되었을 때 이 두 당사자는 상호 계약이행 의무가 있다. 그런데 이 둘 중 하나가 의무를 이행하지 않으면, 다른 쪽이 손실을 떠안게 된다. 따라서 거래상대방의 신용 리스크를 분석하는 것은 퀄리티 성장투자자가 해야 할 또 다른 숙제다.

5장

얼마에 사고 얼마에 팔 것인가?
The Art of Valuation

앞서 '밸류에이션'은 시장 움직임을 결정하는 세 요인 중 하나라고 소개한 바 있다. 나머지 둘은 '성장'과 '유동성'이다. 많은 투자자들은 이 중 밸류에이션_{시장에서 행해진 가치평가}을 가장 우선시한다. 투자자의 시간지평이 짧을수록 밸류에이션을 더 중요하게 여긴다. 그것은 시간이 가야만 주가가 해당 기업의 펀더멘털 가치에 수렴할 게 분명하기 때문이다. 보다 단기적인 기간에는 펀더멘털 가치가 아니라 다른 많은 요인들이 주가에 영향을 미친다.

장기적인 시간지평을 가진 투자자의 경우 밸류에이션은 덜 중요해진다. 제한되지 않은 시간지평을 가진 퀄리티 성장투자자는 자신의 포트폴리오가 장기적인 미래가 있는 퀄리티 자산들로 구성되어 있다는 것을 확신한다. 이 경우 수익을 극대화하기 위해서는 그 주식을 획득하기 위해 지불한 매수가격이 적절하다는 것을 아는 것이 분명 바람직하다. 그러나 그 매수가격이 부적절한 경우에도, 그것이 반드시 세상의 종말을 의미하는 것은 아니다. 시간이 가면, 지속적인 이익 증가가 가져오는 복리효과가 높은 밸류에이션에 지불한 매수가격조차도 별 문제없는 것으로 만들어 버릴 수 있기 때문이다.

퀄리티 성장기준을 충족한 기업이 매수시점에 밸류에이션이 높았던 핸디캡을 어떻게 극복할 수 있는지 보여주는 아주 좋은 사례가 있다. 그 기업은 ADP로 더 잘 알려진 오토매틱 데이터 프로세싱이다. ADP의 역대 PER은 20에서 40 사이에서 움직였다. 비싸게 보일 때가 많았는데, 특히 가치투자자들이 보기에 그랬다. 지난 1961년 처음 주식시장에 상장되었을 때 세계경제가 어려운 시기에도 그랬다. 그러나 그 이후 지금까

그림 5-1 | ADP의 역대 PER

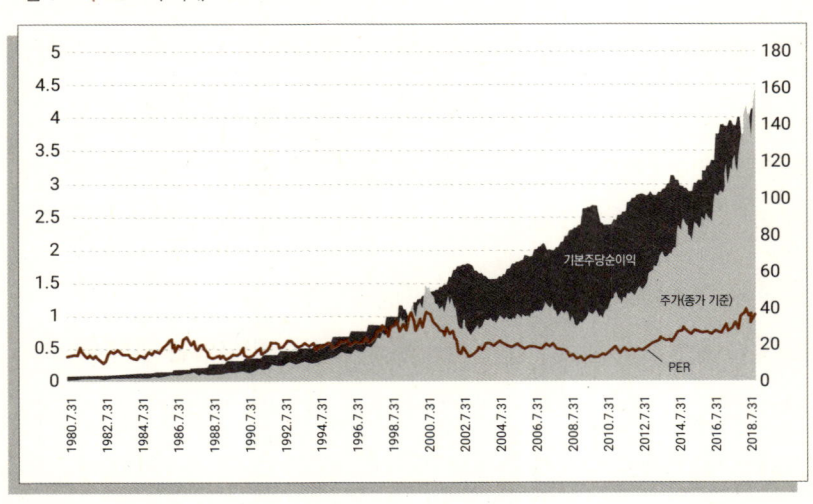

자료: 팩트셋(2019년)

지 전 기간에 걸쳐 ADP는 경기둔화기에는 어느 정도 영향을 받았음에도 불구하고 오랫동안 꾸준히 플러스 이익증가율을 기록해 왔다. PER이 하락할 때, ADP의 이익과 주가 간의 갭은 확대되었는데(이익 대비 주가 하락, [그림 5-1] 참조) 이는 보유량을 늘릴 기회를 제공했다. 시간이 가면서 주가는 다시 보다 장기적인 이익증가율로 수렴되었다. 1961년 ADP 주식을 매수해 계속 보유한 사람이라면 최초 매수가는 그 후 오랫동안 아무런 문제가 되지 않고 잊혀졌다.

적절한 밸류에이션과 할인율

그렇다면 적절한 밸류에이션이란 어떤 것일까? 2장에서 말한 것처럼 주식시장이 하는 일은 기업이 미래에 만들 이익을 현재의 가치로 평가하는 것이다. 이때 주식시장은 기업의 미래이익의 현재가치를 결정하기 위해 금리를 할인기제로 사용한다. 이런 할인과정을 수행할 때는 그 기초로 무위험수익률무위험이자율 혹은 그와 가능한 유사한 것이 필요하다. 이러한 무위험수익률은 보통 10년 만기 국채수익률로 하며, 이 10년 만기 국채수익률에, 적어도 전통적인 분석에서는, 주식 리스크 프리미엄을 더해 현재가치를 구한다. 역사적으로 이 프리미엄은 대략 5%로 가정되었다.

다른 것이 동일하다고 가정할 경우, 할인율의 상승은 기업의 미래이익의 현재가치를 줄이는 경향이 있고 따라서 주가를 낮추게 된다(밸류에이션 하락). 마찬가지로 할인율이 하락하면 반대효과를 내서 미래이익의 현재가치를 높이는 경향이 있고, 이는 밸류에이션 상승으로 이어진다. 따라서 기본적으로 무위험수익률과 주식 리스크 프리미엄의 동향이 주식시장의 방향을 결정하는 매우 강력한 요인이며, 특정 주식의 가격에도 영향을 미치는 중요한 요인이다. 일반적으로 무위험수익률과 채권수익률의 변화는 모든 주식의 밸류에이션에 중요한 영향을 미친다.

퀄리티 성장투자자들에게 문제는 포트폴리오에 추가할 대상 종목에 적용하는 적절한 할인율이다. 무위험수익률이 어떤 적절한 국채의 수익률과 가장 비슷한 것이라고 가정한다면, 채권보다 주식을 소유할 때 발생하는 추가적인 리스크를 상쇄하기 위해 붙여야 할 프리미엄이 있다면 얼마만큼의 프리미엄을 붙여야 할까? 이와 같은 주식 리스크 프리미엄에 관한 선택은 미래의 예상이익을 할인해 구하는 현재가치에 큰 차이를 만들어낼 수 있다.

적절한 무위험수익률을 결정하는 것은 정밀과학이 아니다. 투자자가 적절한 무위험수익률을 결정하기 위해서는 상식, 시장에 대한 지식, 옳은 답에 도달할 판단력을 모두 조합해야 한다. 국채수익률은 나라마다 다르기 때문에 투자자가 투자하려는 기업이 위치한 나라의 국채수익률을 이용하는 것이 당연해 보인다. 그러나 많은 퀄리티 성장기업들은 서로 다른 여러 나라에서 사업을 하고 있는 글로벌기업들이다. 예를 들어, 네슬레는 스위스 기업이지만 스위스에서 발생하는 매출은 총매출액의 극히 일부에 불과하다.

내가 보기에, 퀄리티 성장투자자는 부채 없는 재무상태라는 엄격한 룰을 적용하기 때문에 퀄리티가 낮은 다른 투자자산에 적용하는 할인율보다 낮은 할인율을 적용하는 것이 정당화될 수 있다. 이런 단순한 룰이 가진 미학은 퀄리티 성장기업의 장기적이고 신뢰할만한 수익이 강한 재무상태와 결합하여 단기적인 금리전망의 변화를 대개의 경우 별 상관없는 것으로 만든다는 것이다. 바로 이것이 퀄리티 성장포트폴리오가 낮은 리스크로 보다 우수한 수익을 올릴 수 있다고 주장하는 핵심 논지다.

10년 만기 국채수익률이 이런 식의 분석으로 무위험수익률을 계산하는 데 실제로 적절한 지표인지에 대해서는 약간 논의가 필요하다는 점을 짚고 넘어갈 필요가 있겠다. 2장에서 말한 것처럼 정부가 발행한 국채는 세계금융위기 이후 지금까지 그 규모가 급증했다. 동시에 양적완화와 기타 수단을 통한 비전통적인 통화정책이 광범위하게 사용된 탓에 국채보유자들은 여러 만기의 국채에 대해 마이너스 금리를 받는 유례없는 경험을 하기도 했다. 많은 시장관찰자들은 이런 통화정책으로 인해 국채의 시장가격이 왜곡되는 결과가 초래되고 있다고 주장하고 있다.

2019년의 한 시점에는 독일정부가 발행한 채권 중 만기가 가장 긴 채권조차도 플러스 수익률을 제공한 채권이 하나도 없던 때가 있었다. 인플레이션 효과를 제거하고 보면, 서구의 여러 정부가 발행한 막대한 수의 국채들도 지금 마이너스 수준의 수익률을 제공하고 있다. 인플레이션에 대한 보호수단을 제공하기 위해 설계된 지수연동채권들의 수익률은 미국의 경우 가까스로 플러스를 유지하고 있고, 대부분의 유럽 국가에서는 마이너스를 기록하는 중이다.

미래의 이익 흐름을 마이너스 할인율로 할인하는 것은 실제로는 불가능한 일이다. 수학적으로 그 결과가 무한만 나오기 때문이다. 따라서 신중한 투자자라면 전통적이지만 왜곡된 것일 수 있는 국채수익률 대신 리스크가 낮은 기업채권의 수익률을 무위험수익률로 사용하는 것을 고려할 수 있다. 그런데 이 경우조차 마이크로소프트 같은 일부 기업은 투자자들로부터 거의 제로금리에 가까운 수준으로 돈을 빌릴 수 있다. 이는 지금 투자자들이 적응해야 하는 예외적인 시장 상황을 적나라하게 보여줄 뿐이다.

할인율과 관련해 가장 중요한 원칙은 투자가가 평가하려고 하는 퀄리티 성장기업에 가장 관련 있고 가장 적합한 할인율을 적용해야 한다는 것이다. 이는 기업을 평가하기 위해 전 세계 금융애널리스트들이 가장 일반적으로 사용하는 할인율 지표인 가중평균자본비용WACC을 거부한다는 것을 의미한다. 가중평균자본비용은 자본시장의 현실을 항상 잘 파악하고 있다고는 볼 수 없는 학계에서 가르치는 개념이다. 그런데 변동성이 리스크를 나타낸다는 관념이 대중적인 신화임에도 불구하고 가중평균자본비용에서처럼 할인율 계산에 예상 주가 변동성을 더하는 것이 옳은 것일까?

퀄리티 성장투자자가 이런 방법을 택하는 것은 거의 적절하지 않다. 퀄리티 성장투자자는 기업이 보다 장기적으로 이익 흐름을 유지할 가능성이 있는지 확인하는 것이 자신의 기본 목표임을 인식하면서, 보다 실용적이 될 필요가 있다. 그런 이익의 가시성과 지속성이 그 기업의 주가보다 중요한 요인이다.

학계의 전형적인 방법은 불필요한 수학적 정확성을 추구하면서 이 문제를 과도하게 복잡하게 만들고 있다. 상식적으로 봐도, 예측 가능한 미래이익과 강력한 경쟁우위를 가진 퀄리티 성장기업에는 이 두 요인이 없는 기업들보다 낮은 할인율을 적용해야 한다. 이익의 예측 가능성이 높을수록, 어떤 것을 무위험수익률로 택하든 무위험수익률에 더해지는 주식 리스크 프리미엄은 더 낮다.

동시에 적절한 무위험수익률은 해당 기업 자산의 내구성duration(수익을 내주는 기간)에 맞는 것이어야 한다고 믿는 것이 논리적이다. 정의상 퀄리티 성장기업은 정기적으로 수익을 내는 내구성이 긴long-duration 투자자산이며, 따라서 역시 내구성이 긴 장기채권을 무위험 벤치마크 수익률로 사용하는 것이 논리적이다. 워런 버핏의 경우는 자신의 장기 보유종목의 가치를 평가할 때 주식 리스크 프리미엄은 전혀 적용하지 않고 30년 만기 미국 국채수익률을 할인율로 사용하고 있다.[1]

가중평균자본비용에서 무위험수익률 다음 부분은 자산종류에 따른 리스크, 주식 고유의 리스크, 자본구조, 세율 등 내가 포괄적으로 주식 리스크 프리미엄이라고 칭하는 것이다. 주식 리스크 프리미엄으로 사용되는 정확한 수치에 대해서는 분명 논의의 여지가 있다. 예를 들어 일부 주장처럼, 부채가 많은 기업은 이자비용이 법인세에서 공제되기 때

---

[1] 찰리 멍거는 워런 버핏이 계산기를 갖고 있지 않기 때문에 그가 그런 계산을 하는 것을 실제로 본 적은 전혀 없다고 말했다는 것을 덧붙여야겠다.

문에 보다 낮은 할인율을 적용해야 한다고 주장하는 것이 과연 맞는 것일까? 레버리지부채 활용는 리스크를 높이는 것이기 때문에, 이런 주장은 그냥 이론 분야가 아니라 실제 투자업계에서 일하는 사람들에게는 이상한 결론으로 들릴 것이다. 그리고 기대하는 현금흐름을 창출할 수 없는 기업에 진정한 리스크가 있는데, 주식 고유의 리스크를 주가 변동성의 함수로 계산해야 할까?

나의 믿음은 우리 기준상 부채가 전혀 없고 따라서 큰 폭의 금리변동에서 자유로운 퀄리티 성장기업에는, 재무상태가 약한 기업들보다 낮은 주식 리스크 프리미엄을 부여해야 한다는 것이다. 2019년 우리 포트폴리오 보유종목들을 평가할 때 사용한 총 할인율은 약 7.5%였는데, 이 수치는 지속될 것으로 보이는 저성장과 금리하락의 여파가 무위험수익률과 주식 리스크 프리미엄을 모두 낮췄기 때문에 최근 몇 년에 걸쳐 낮아진 할인율이다.

이 논리로 보면, 그동안 매우 긴 강세장이 있었고 퀄리티 성장기업들이 계속해서 매우 인상적인 실적을 냈다는 것은 별로 이상한 일도 아니다. 보다 낮은 할인율로 할인되는 지속가능한 높은 미래이익은 주식시장에서 성공할 수 있는 좋은 비결이다. 오늘날의 상황에서 퀄리티 성장기업에 부여할 수 있는 적절한 주식 리스크 프리미엄은 5% 미만이라고 충분히 주장할 수 있다.

밸류에이션 판단 시 고려해야 할 시장 요인들

일단 투자자가 자신의 할인율을 정해서 대상 기업의 미래이익의 현재가치를 구했으면, 이제 남은 일은 해당 주식의 주가가 싼지 비싼지 판단하는 것이다. 기본적으로 매수를 고려할 때, 이것은 간단한 일이다. 미래의 예상 현금흐름의 현재가치를 현재 시장주가와 비교하면 된다. 시장주가가 현재가치보다 낮으면 그 주식이 싸다는 것을 의미하고, 시장주가가 현재가치보다 높으면 그 주식이 비싸다는 것을 의미한다.

이렇게 미래이익의 현재가치를 주가와 비교하면, 그 다음 과제는 미래이익의 예상증가율 및 그 지속가능성을 현실적으로 평가하는 것이다.

동시에 보다 거시경제적인 시각에서 현재 거래되는 주가의 PER을 살펴보는 것도 중요하다. 이때 핵심적인 것은 세계 주요 중앙은행들이 책정하는 금리와 채권수익률에 대한 전망이다. 금리와 채권수익률이 상승하면 주가에 불리할 것이고, 금리와 채권수익률이 하락하면 주가에 유리할 것이다. 금리 상승은 PER 하락으로, 금리 하락은 PER 상승으로 반영되는 경향이 있다. 인플레이션은 이런 금리의 향방에 영향을 미치는 가장 기본적인 요인 중 하나다.

그런데 지난 10년 이상에 걸쳐 진행된 세계화로 인해 공급체인들이 단축되었고, 생산 즉시 유통시키는 JIT방식just-in-time methods이 확대되었다. 이는 가격결정력이 생산자에서 소비자로 넘어가는 추세를 강화시켰다. 이런 상황에서는 1970년대와 같은 소비자가격의 전반적인 상승이 발생할 가능성이 별로 없다. 경쟁적인 시장에서 사업하는 평균적인 기업은 소비자가 가격 책정을 주도하는 상황 속에서 그 흐름을 따라가는 것 외에는 다른 선택의 여지가 거의 없게 되었다. 그리고 가격을 자유롭게 올릴 수 없기 때문에 기업의 미래이익 증가도 제한적이다.

그러나 주도적인 시장지위로 인해 자신의 가격을 책정할 수 있는 퀄리티 성장기업의 경우는 다르다. 미래이익이 증가할 것이라고 믿을 수 있을 경우, 투자자는 그 기업의 현재 주가와 향후 5년 내지 그 이상의 예상 미래이익의 현재가치를 편하게 비교할 수 있다. 하지만 경제주기와 상품commodity 가격에 따라 전망이 달라질 수밖에 없는 자동차제조회사, 석유탐사회사, 혹은 은행들의 전망을 평가할 때는 이런 식의 작업이 별 소용없을 것이다. 이들의 미래이익은 의미 있는 비교를 할 정도로 충분한 확신을 갖고 예측할 수 없기 때문이다.

한 퀄리티 성장기업의 PER이 싼지 비싼지 판단할 때는 이런 결정적인 차이가 가장 중요하다. 좋은 퀄리티를 가진 안정적인 기업은 가끔 '성장채권growth bonds'이라고도 하는데,[2] 이는 부정확하긴 하지만 어떤 진실을 함축하고 있는 표현이다. 다른 조건이 동일할 경우, 해당 주식의 이익수익률earnings yield[3]이 국채수익률보다 높으면 그 주식은 투자기회가 될 것이고, 그 반대면 아니다.

---

2 역자 주: 워런 버핏의 이른바 채권형 주식(equity bonds)과 유사한 개념이다. 이익이 꾸준히 증가하고 있고, 미래이익에 대한 예측이 가능하기 때문에 정해진 이자를 주는 채권처럼 수익을 충분히 예상할 수 있는 주식을 말한다.

3 역자 주: PER은 주가를 이익으로 나눈 것이고, 이익수익률은 PER의 역(逆)으로 이익을 주가로 나눈 것이다.

그런데 다른 조건들이 항상 동일한 것은 아니다. 인플레이션 기간에는 금리와 채권수익률도 상승하는 경향이 있다. 반면 디스인플레이션 혹은 전면적인 디플레이션이 시작되면, 금리와 채권수익률은 하락한다. 이런 상황에서 한 기업의 이익수익률이 장기 국채수익률을 상회하면, 이는 시장이 전체 경제의 디플레이션 압력이 (부채가 많은 기업이든 아니든 간에) 모든 기업에 불리한 영향을 미칠 수 있다는 신호를 보내고 있는 것이다.

따라서 현재 지배적인 경제적 요인들을 고려해 PER의 매력도를 평가하는 것이 중요하다. 최근 몇 년 동안 퀄리티 성장기업은 역대 최고 수준의 높은 PER에 거래되었다. 그러나 내재 이익수익률은 여전히 벤치마크 채권수익률을 훨씬 상회하고 있다. 저인플레이션 및 저성장 환경에서 '성장채권들'이 다른 여러 형태의 주식들보다 높은 PER을 부여받고 훨씬 높은 수익을 제공했다는 것은 놀랄 일이 아니다.

해당 기업의 현재 PER을 지난 몇 년의 역대 PER과 비교하는 것도 필요하다. 현재 주가 수준이 그 기업의 미래 성장전망에 대해 시장이 너무 지나친 기대를 하고 있는 그런 수준은 아닌지 확인하기 위해서다. PER을 예상 이익증가율로 나눈 'PEG'라는 지표도 일부 투자자들이 사용하고 있는데, 특히 영국 투자자들이 이 지표를 좋아하는 경향이 있다. 이 비율이 1.0 미만이면 좋은 신호로 본다.

그러나 PER 그 자체만으로는 거의 아무것도 말해주는 것이 없다. 이익과 주가의 관계는 크게 변할 수 있다. 내 경험상, PER이 지금까지의 등락범위 상단으로 향할 때 이익 전망치가 상향 수정되는 경우가 많고,

그러면 결과적으로 PER 수치가 낮아지고 광범위한 매수가 발생한다. 반대로 시장이 하락할 때, 이익 전망치의 하향 수정은 PER 수치를 높이고, 이는 매도로 이어진다. 앞서 말한 것처럼, 한 주식의 이익수익률은 그 주식의 역대 이익수익률은 물론이고, 다른 자산(보통 무위험자산)의 이익수익률과 항상 비교해야 한다.

무위험투자의 기준

예리한 투자자라면 보통 무위험이라고 생각되는 투자가 어떤 것인지 더 깊이 알고 싶을 것이다. 우리는 무위험투자의 기준으로 가장 널리 사용되는 것이 10년 만기 국채라는 것을 이미 살펴본 바 있다. 결코 불가능한 일은 아니지만, 서구 선진국 정부가 가까운 장래에 채무불이행에 빠질 것 같지는 않다. 지난 10년을 살펴보면, 서구 중앙은행들은 정부가 채권을 발행해 공급할 수 있는 질서 있는 유통시장을 유지하기 위해 언제라도 통화를 창출할 것이다. 그럼에도 불구하고 채권보유자들이 서구나 다른 지역의 국채에 투자했을 때 부분적으로든 전체적으로든 영구적인 자본손실을 입을 수도 있다는 것은 결코 불가능한 일이 아니다.

정상적인 상황에서 퀄리티 성장기업의 PER은 국채의 PER보다 높아야 한다. 그런데 지금과 같은 저금리 혹은 심지어 마이너스 금리 환경에서는 채권 같은 고정수입 투자자산의 가격이 정상적인 환경에서보다 훨씬 비싸고, 따라서 퀄리티 성장주식의 가격도 보다 높게 평가될 것으로 예상할 수 있다. 요컨대 퀄리티 성장주식의 PER이 과거보다 높을 수 있지만, 이는 시장 환경 때문에 그렇다.

퀄리티 성장투자자는 주식과 채권^{고정수입 투자자산} 간의 전체적인 관계를 결코 잊어서는 안 된다. 채권수익률은 자금비용을 나타내며 주식의 밸류에이션에 지배적인 영향을 미치는 요인이다. 채권 가격이 전체적인 주가에 반응하는 것은 아니지만, 그 반대는 아니다. 요컨대 주가는 채권 가격을 반영한다. 채권은 주식 없이 존재할 수 있지만, 주가는 채권 없이 존재할 수 없다.

이것이 의미하는 것은 퀄리티 성장기업 투자자는 채권시장을 무시해서는 안 된다는 것이다. 채권시장은 그것을 벤치마크 삼아 퀄리티 성장기업의 밸류에이션 정도를 측정할 수 있는 유용한 온도계다. 채권 가격이 높은데도 불구하고 퀄리티 성장포트폴리오의 PER이 낮다면, 이는 채권 가격이 하락하든 퀄리티 성장포트폴리오의 PER이 상승하든 둘 중 하나가 변할 수밖에 없다는 경고다. 만약 채권 가격이 하락해서 채권수익률이 상승하면 주가는 더 비싼 것이 되고, 그러면 투자자는 주식의 리스크가 증가했다는 것을 합리적으로 알 수 있다.

결론적으로, 퀄리티 성장투자자는 밸류에이션에 대한 주류이론을 뛰어넘는 사고를 해야 한다. 이 글을 쓰고 있는 2019년 하반기 시점까지 지난 10년 간 거침없는 강세장이 전개될 때, 금융재앙을 우려하는 여러 경고들이 있었다. 이들의 핵심 주장은 주식시장이 너무 비싸다는 것, 혹은 거품상태라는 것이었다. 주식시장이 충분히 상승했기 때문에 이제는 하락할 때가 되었다는 것이다. 그러나 적어도 퀄리티 성장기업과 관련된 사실들을 보다 자세히 분석해 보면 이와는 좀 다른 결론에 이를 수도 있다.

퀄리티 성장기업 심층분석 예시

퀄리티 성장포트폴리오에 편입할 후보종목에 대한 심층분석에는 미래이익을 자세히 전망하고, 그렇게 전망한 미래이익에 적절한 할인율을 적용해 현재가치를 구하는 과정이 포함된다. 밸류에이션과 사용되는 할인율은 모두 보다 광범위한 시장 상황을 중심에 놓고, 그리고 인플레이션, 금리, 특히 경제성장 전망을 고려하여 종합적으로 평가되어야 한다.

[표 5-1]은 퀄리티 성장투자자들이 수행해야 할 그런 분석을 예시한 것이다. 이 표의 기업 X는 가상의 기업이지만, 우리의 투자대상 유니버스 선정기준을 충족시키는 기업이다. 여기에서 사용한 할인율은 7.5%이다.

표 5-1 | 퀄리티 성장포트폴리오 편입 후보종목 심층분석 예시

기업 X (가상사례)	
현재주가	28.4
목표주가	29
상방/하방 (+/-)	2%
시가총액	2,480
회계연도 말	12월
애널리스트	X
자료 최근 업데이트	2019.6.30

	DCF	역대 PER	역대 EV/EBIT	역대 EV/EBITDA	역대 EV/Sale	선행 PER	내재 EV/EBIT	SOTP 밸류에이션	벤치마크 PER	벤치마크 EV/EBIT
	31					27				
사용여부(yes/no)	Y	N	N	N	N	Y	N	N	N	N

손익계산	2014	2015	2016	2017	2018	2019e	2020e	2021e	2022e	2023e	2024e	과거 5년 연평균 증가율 (2014-2019)	미래 5년 연평균 증가율(예상) (2019-2024)
수입(매출)	100	102	114	132	158	178	200	225	249	273	297	12.2%	10.8%
매출총이익													
EBITDA	57	58	65	75	82	106	121	137	153	169	185	13.0%	11.8%
EBIT	54	54	61	70	77	101	115	131	147	163	178	13.2%	12.0%
세전순이익	54	53	60	69	76	100	115	130	146	162	177	13.2%	12.1%
당기순이익	38	41	44	52	72	81	95	108	121	134	147	16.3%	12.5%
경상 주당순이익	0.38	0.42	0.47	0.57	0.81	0.93	1.11	1.28	1.46	1.64	1.82	19.4%	14.3%
배당금	0.05	0.07	0.07	0.07	0.10	0.13	0.14	0.16	0.18	0.21	0.23	22.1%	11.1%

재무상태/현금흐름	2014	2015	2016	2017	2018	2019e	2020e	2021e	2022e	2023e	2024e	과거 5년 평균 (2014-2019)	미래 5년 평균(예상) (2019-2024)
현금 - 부채 (순현금)	46	31	29	21	17	16	17	18	20	23	26	29	19
자기자본 대비 부채비율(%)	72%	57%	56%	43%	33%	22%	20%	18%	16%	16%	14%	52%	18%
EBITDA 대비 부채(배수)	0.8	0.5	0.4	0.3	0.2	0.1	0.1	0.1	0.1	0.1	0.1	0.5	0.1
잉여현금흐름 대비 부채(배수)	1.6	0.9	0.8	0.4	0.4	0.2	0.1	0.1	0.1	0.1	0.2	0.8	0.1
현금전환율(%) (EBITDA 중 잉여현금흐름으로 전환되는 금액의 비율)	85%	95%	100%	107%	84%	116%	115%	114%	114%	114%	113%	94%	114%

주요 재무지표	2014	2015	2016	2017	2018	2019e	2020e	2021e	2022e	2023e	2024e	과거 5년 평균 (2014-2019)	미래 5년 평균 (2019-2024)
매출총이익률(%)													
EBITDA이익률(%)	57.5	56.3	56.9	56.5	51.8	59.6	60.4	61.1	61.5	61.9	62.2	55.8	60.9
EBIT이익률(%)	54.1	52.5	53.5	53.0	48.7	56.7	57.6	58.4	59.0	59.5	59.9	52.4	58.2
순이익률(%)	38.3	40.4	38.5	39.3	45.4	45.8	47.4	48.1	48.6	49.1	49.4	40.4	47.8
매출액 대비 운전자금 비율(%)	7.3	6.3	7.5	8.3	11.6	12.4	12.7	13.0	13.3	13.6	13.9	8.2	13.0
매출액 대비 자본적 지출 비율(%)	3.5	3.5	3.5	3.4	3.4	3.5	3.5	3.5	3.5	3.5	3.5	3.5	3.5
투하자본수익률(ROIC, %)	45.3	44.7	41.5	45.3	60.0	66.1	73.7	74.4	73.9	72.8	70.9	47.4	72.2

성장률(yoy %)	2014	2015	2016	2017	2018	2019e	2020e	2021e	2022e	2023e	2024e	과거 5년 평균 (2014-2019)	미래 5년 평균(예상) (2019-2024)
매출액 증가율		13.6	2.4	11.5	16.0	19.6	12.1	12.9	12.1	10.9	9.7	8.6	13%	12%
EBIT 증가율		13.4	-0.5	13.5	14.9	10.0	30.5	14.7	13.6	12.0	10.6	9.3	10%	16%
주당순이익 증가율		20.6	7.9	6.2	18.4	38.5	13.1	16.9	13.7	12.1	10.7	9.3	18%	13%

밸류에이션	2014	2015	2016	2017	2018	2019e	2020e	2021e	2022e	2023e	2024e	과거 5년 평균 (2014-2019)	미래 5년 평균(예상) (2019-2024)
주가	9.6	11.0	10.5	13.2	20.2	28.4	29.3	29.7	30.1	30.5	30.8		
발행주식 수	100	97	94	92	89	87.4	86	84	83	82	81		
선행 PER(배수)	25.1	25.9	22.6	23.3	25.1	30.5	26.4	23.2	20.6	18.6	16.9	24.4	23.9
EV/EBITDA(배수)	17.6	19.6	18.0	22.5	25.1	27.7	23.7	20.6	18.1	16.1	14.6	21.0	21.2
EV/EBIT(배수)	18.7	21.1	19.1	24.0	26.7	29.1	24.8	21.5	18.9	16.8	15.2	21.9	22.2
시가총액 대비 잉여현금흐름(FCF yield, %)	3.1	3.4	3.7	3.2	2.9	3.2	3.8	4.3	4.9	5.5	5.3	3.2	4.4
배당수익률(%)	0.5	0.7	0.7	0.6	0.5	0.5	0.6	0.6	0.7	0.8	0.9	0.6	0.7

무위험수익률	3.5%
베타	1.00
할인율	7.5%
영구성장률	2.5%
선행 PER	25.8
선행 PER 연도	2023
내재 EV/EBIT	
내재 EV/EBIT 연도	

자료: 세일런투자운용

5대 퀄리티 성장기업의 성공 포인트

어떤 주식이든 퀄리티 성장포트폴리오에 포함되기 위해서는 10대 황금법칙을 '모두' 충족시켜야 한다. 다음의 다섯 기업은 2019년 중반 기준으로 이 엄격한 검증을 통과한 실제 사례들이다. 이익 성장의 핵심 포인트는 해당 기업 항목에서 간략히 밝혀두었다. 그리고 [그림 5-2]는 2006년 이후 2007~2009년의 약세장을 거쳐 2019년 6월에 이르기까지 이 5대 기업의 전체 실적을 나타낸 것이다.

그림 5-2 | 5대 퀄리티 성장기업의 실적과 MSCI 선진국지수(총수익지수) (단위: 달러)

자료: 세일런투자운용, 블룸버그

1) 라이트무브 : 온라인 부동산광고 분야 '석권'

그림 5-3 | 라이트무브(총수익)

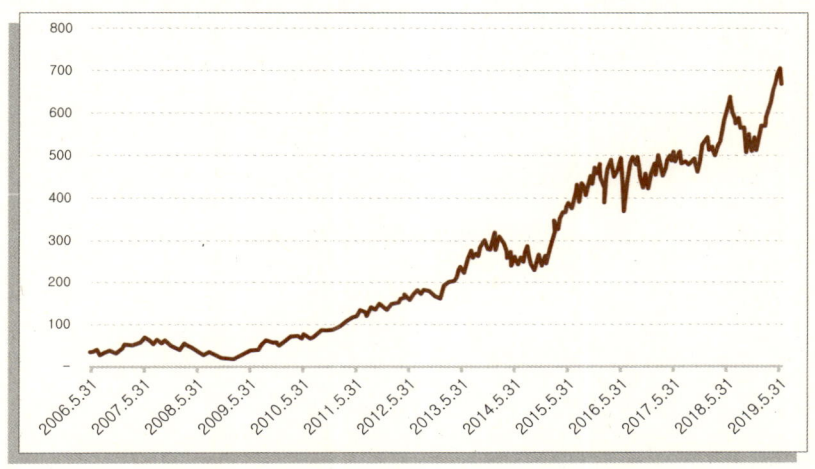

자료: 블룸버그

　강한 네트워크효과network effects를 보이는 일부 산업은 그 산업 가치가 소수의 기업들에게만 돌아갈 수 있다. 이런 산업 중 하나가 온라인 부동산광고업이다. 온라인 부동산광고 분야 선도기업들의 플랫폼은 온라인 부동산 매물이 모이는 실질적인 장소로, 소비자들의 눈길을 확실히 사로잡았다. 이는 부동산 광고업자 입장에서 볼 때 이들 기업을 더욱 매력적으로 만들었고, 이들의 경쟁우위도 더욱 강화시켜 주었다. 이것이 바로 라이트무브가 지금 영국에서 누리고 있는 지위다.
　애초에 부동산 중개업자들의 컨소시엄에서 구상된 후 기업으로 분리된 라이트무브는, 집을 살 때 가장 먼저 찾아보는 부동산 데이터베이스를 구축했다. 라이트무브의 사업에 도전하려는 많은 시도가 있음에도 불구하고 라이트무브의 시장점유율은 여전히 매우 높고 안정적이며, 기업의 가격결정력도 강력하다.

그런 이유로 라이트무브는 상장 이후 그 수수료를 내린 적이 전혀 없다. 수입은 플랫폼 유지 및 업그레이드 비용을 안정적으로 충당하고 있으며, 비용 충당 후 남은 현금은 견실한 이익률로 이어지면서 퀄리티 성장기업의 대표적인 특징인 높은 투하자본수익률의 토대가 되고 있다.

2) 마스터카드 : 카드결제시장의 선두주자

그림 5-4 | 마스터카드(총수익)

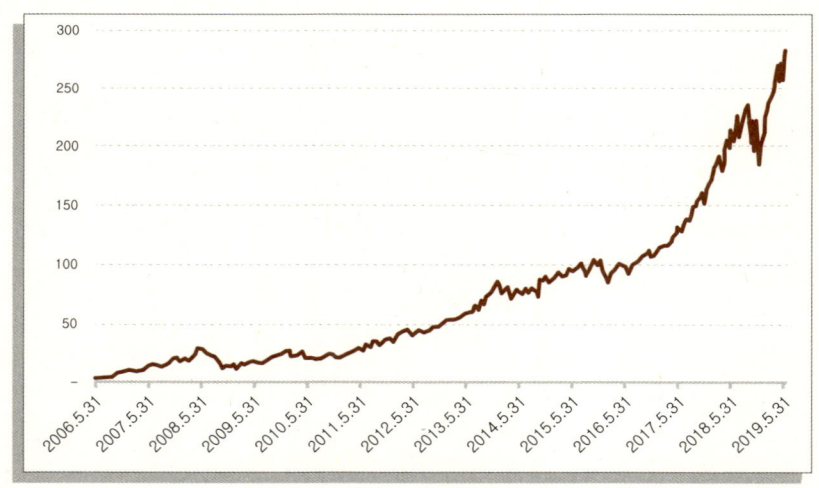

자료: 블룸버그

퀄리티 성장기업들의 뒤에는 강력한 장기적인 성장 추세들이 있는 경우가 많다. 마스터카드는 현금에서 전자결제^카드결제로의 전환이라는 장기적인 성장 추세의 혜택을 누려왔다. 아직도 전 세계 소비거래의 80%가 현금으로 이뤄지고 있는 상태에서, 현재 진행 중인 전자결제로의 전환은 향후 수년 동안 우수한 산업 성장을 견인할 수 있다.

2018년에 25억 장 이상의 카드가 발급됨으로써 마스터카드(그리고 비자)는 가맹상인들이 전자결제를 채택할 경우 마스터카드를 수용할 수밖에 없는 그런 규모를 확립했다. 이런 규모가 제공하는 네트워크효과는 (마스터카드나 비자 같은 기존의 거대기업에 위협이라고 볼 수도 있던) 수많은 새로운 핀테크기업 대부분이 사실상 마스터카드나 비자와 협력할 수밖에 없는 상당한 진입장벽을 제공했다. 마스터카드와 비자는 국제결제라는 열차가 달리는 철로를 사실상 소유하고 있다. 이들이 제공하는 것은 그 가맹점과 은행 고객들 모두에게 필수적인 서비스다.

총 거래비용의 아주 일부분만 수수료로 받고 제공되기 때문에, 마스터카드와 비자는 매년 가격인상을 관철해낼 수 있다. 게다가 이들은 자본적 지출이 별로 필요 없는 자산경량화 사업모델^asset-light business model로 이 모든 사업을 하고 있다. 이는 이들이 높은 투하자본수익률을 창출하고 있으며, 지난 20년간 순현금의 재무상태를 누려왔다는 것을 의미한다.

'강력한 재무상태'가 중요하다. '토끼'처럼 레버리지 리스크를 부담하기보다는, 자신이 스스로 창출한 수익을 오랜 시간에 걸쳐 장기적으로 자기 사업에 재투자하는 데 기꺼이 사용하는 '거북이' 같은 그런 퀄리티 성장기업의 고유한 본질적인 특징이기 때문이다.

3) 에스티로더 : 고급 뷰티산업의 글로벌 리더

그림 5-5 | 에스티로더(총수익)

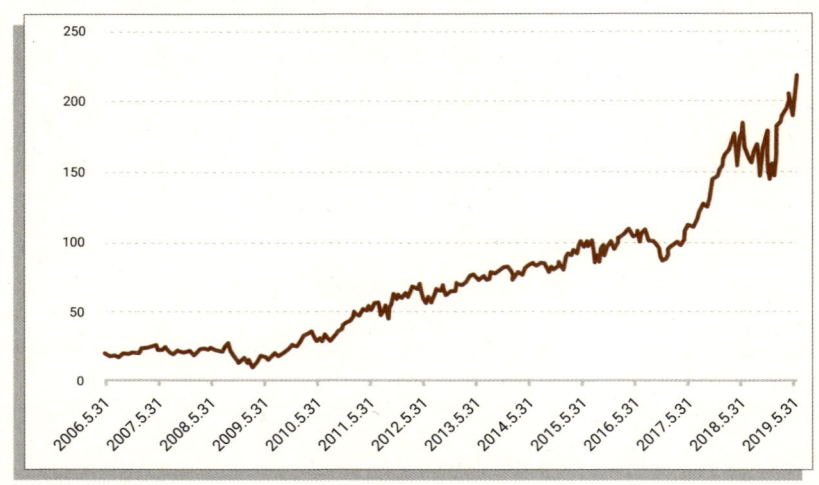

자료: 블룸버그

　에스티로더는 사회적, 인구학적으로 매우 유리한 추세에 있는 고급 뷰티산업의 글로벌 리더이며, 고급 뷰티산업에만 집중 투자하고 있는 유일한 기업이다.

　이는 우리가 정말 좋아하는 많은 혜택을 제공해 준다. 무엇보다도 뷰티산업은 성장하고 있는 산업이며, 이는 에스티로더의 성장에 좋은 기반이 된다. 뷰티산업은 증가하고 있는 아시아의 중산층과 '셀카' 열광세대가 제공하는 순풍의 혜택을 가장 많이 받고 있는 산업이다. 아시아 중산층과 셀카세대는 그 어느 계층이나 세대보다 화장품을 훨씬 많이 사용하고 있기 때문이다.

이런 유리한 추세에 더해 에스티로더는 고급 브랜드파워를 활용해 매년 꾸준히 가격을 인상할 수 있고, 이는 성장의 완벽한 배경이 되고 있다. 또한 에스티로더는 매우 간결하고 유연한 사업모델을 개발했다.

자신의 네트워크 안에서 수집한 모든 자료를 통해 에스티로더는 어떤 지역, 시장 혹은 유통채널이 보다 큰 성장잠재력을 갖고 있는지 정확히 찾아내는 알고리듬을 개발했다. 이 알고리듬 도구에 기초해 에스티로더는 자신에게 맞는 플러그앤플레이모형plug-and-play model(연결만 하면 바로 사용할 수 있는 기기, 사업, 혹은 업무 모델)을 개발했으며, 이를 가지고 어떤 유리한 추세로 혜택을 누리고 있는 소형기업들을 인수해 자신의 광범위한 세계적인 유통망에 통합하고 있다. 대상 기업들을 바로 결합할 수 있는 이런 매력적인 볼트온 기업인수bolt-on acquisitions는 에스티로더의 유기적 성장을 더욱 강화하고 있다.

어떤 기업이든 진정한 퀄리티 성장기업이라면 유기적 성장이 장기적으로 지속가능한 성장에 가장 중요하다. 에스티로더의 경우 광범위한 브랜드 포트폴리오가 가진 힘, 전 세계적 사업영역, 그리고 유연한 사업모델이 강력하고 지속가능한 경쟁우위를 만들어내고 있다. 이는 향후 수년간 에스티로더가 강력한 유기적 성장을 지속할 수 있게 해줄 것이다.

4) 다쏘시스템 : 소프트웨어 하나로 시장 평정

그림 5-6 | 다쏘시스템(총수익)

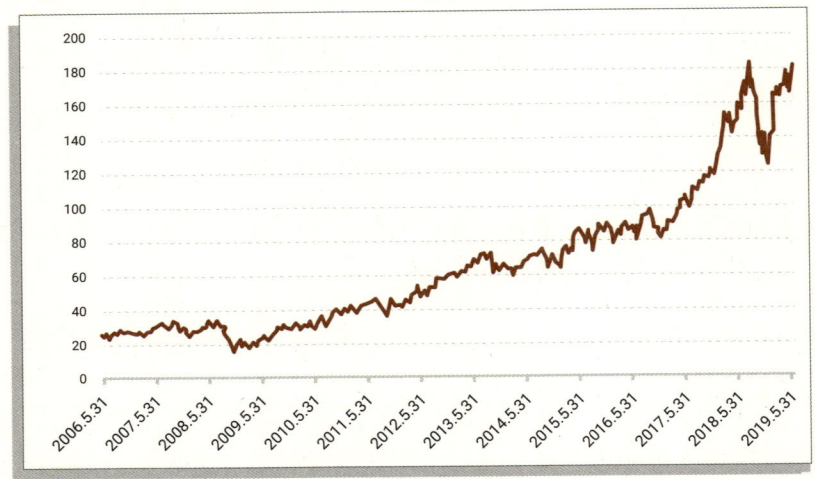

자료: 블룸버그

다쏘시스템은 제품지향 조직들product-oriented organisations(차별화될 수 있는 제품의 품질에 집중하는 기업들)에게 CAD 및 제품주기관리 소프트웨어를 판매하는 세계적인 기업이다.

다쏘는 기업 업무처리의 디지털화라는 강력하고 장기적인 추세의 혜택을 누리고 있는 성장산업에 종사하고 있다. 다쏘의 소프트웨어는 고객 기반인 엔지니어들이 수행하는 일상 업무(예를 들어, 비행기와 자동차처럼 복잡한 제품을 디자인하는 일)에 대체하기 어려운 필수적인 도구이기 때문에 매우 중요한 제품으로 간주되고 있다. 또한 다쏘의 소프트웨어는 고객들(예컨대 보잉사)의 전체 비용에서 매우 적은 부분만 차지하고 있어서, 적은 비용의 설계로 아주 비싼 제품을 개발할 수 있게 해준다.

다쏘의 소프트웨어는 고객의 업무시스템 내부에 깊이 뿌리내렸으며, 이로 인해 높은 수준의 지속가능한 가격결정력을 갖게 되었다. 이런 가격결정력은 인플레이션과 디플레이션 환경 모두에서 다쏘가 이익을 낼 수 있게 해주기 때문에 중요하다. 더욱이 다쏘의 소프트웨어는 기본적으로 영구 라이선스 계약으로 판매되며, 이는 높은 수준의 지속적인 경상수입을 보장해준다.

이런 수입의 예측가능성으로 인해 다쏘는 도전적인 거시경제적 환경과 관계없이 장기적으로 지속가능한 성장기회에 투자할 수 있다. 다쏘는 1996년 기업공개 이후 순현금의 재무상태를 유지해 온 매우 수익성 높은 기업으로, 성공투자 스토리의 주인공이 되었다.

5) 웨스트 파마슈티컬 서비스 : 주사제 의약품 분야 '선도'

웨스트 파마슈티컬 서비스(이하 웨스트)는 확실한 구조적 성장 동인을 가진 산업에서 차지하는 그 주도적 시장점유율을 고려할 때, 장기적으로 매력적인 투자기회를 제공하고 있다.

웨스트는 세계 주사제의약품포장재산업injectable-drug packaging industry에서 물약병과 주사기 같은 의약품 용기에 사용되는 고무마개 및 밀봉마개를 포함한 저가의 필수 구성제품을 생산하는 이 분야의 세계적인 리더다. 전 세계적인 만성질환과 자가면역질환의 발병률 증가, 생물의약품과 사전충전 주사기 부문의 기술진보, 사회 고령화, 그리고 가정 내 자체 투약 의약품에 대한 수요 증가 등이 이 산업의 성장을 견인하는 핵심 동인이 되고 있다.

그림 5-7 | 웨스트 파마슈티컬 서비스(총수익)

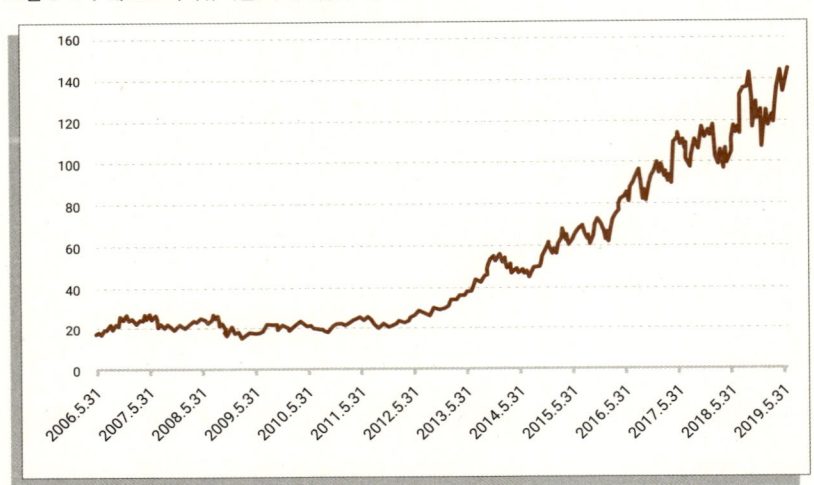

자료: 블룸버그

따라서 이 산업에 투자할 때는 '문제 부분'보다는 '해결 부분'을 담당하는 기업을 찾는 것이 중요하다. 이것이 의미하는 것은 헬스케어 비용을 줄이는데 도움을 주는 기업을 찾거나, 가격은 저렴하지만 문제해결에 필수적인 제품을 생산하는 기업을 찾으라는 것이다. 웨스트가 바로 그런 기업이다.

웨스트가 가진 강력한 해자(경쟁우위)는 그 제품이 규제당국이 최종 승인한 의약품 전달방식으로 고객에게 제공된다는 것이다. 이것이 의미하는 것은 고객 제약사 시각에서 볼 때 공급자를 바꾸는 것이 비용이 많이 들고, 성가시며, 보통은 경제적으로도 매력적이지 않다는 것이다. 이는 웨스트에게 때로는 30년에 이르는 매우 장기적인 마치 연금 같은 안정적인 수입 흐름을 제공하고 있다. 웨스트는 그 제품의 필수불가결성으로 인해 극단적인 산업침체기에도 가격을 유지할 수 있다.

따라서 웨스트는 헬스케어산업에서 진행되고 있는 긍정적인 추세의 혜택을 누릴 수 있는 가장 유리한 위치에 있음과 동시에, 계속 발생하는 부정적인 가격책정 압력 및 특허만료 제품의 판매급감 현상인 이른바 특허절벽 압력에서도 보호되고 있는 기업이다.

제 3 부

●

인생주식과 퀄리티 성장투자
Quality Growth

6장

퀄리티 성장투자, 어떻게 다른가?
Quality Growth in Context

    다른 많은 사업과 마찬가지로 투자도 모든 사람이 어떤 똑같은 방법으로 해야 한다는 그런 절대적인 자연법칙은 없다. 속담처럼 짐승의 가죽을 벗기는 데는 여러 방법이 있다. 퀄리티 성장투자자라면 기질상 그리고 경험에 따라 자신의 투자법이 (그것을 수용할 준비가 된 사람들에게는) 낮은 리스크와 높은 수익이라는 우수한 조합을 제공해 준다는 것을 믿을 것이다.

    그렇다면 오늘날 더 인기 있다고 할 수는 없지만, 비슷한 인기를 누리는 다른 여러 투자법들의 장점과 리스크는 무엇일까? 이번 장에서는 이런 중요한 주제에 대해 살펴볼 것이다.

배당수익률의 신기루

세계금융위기 이후 금리가 역대 최저 수준까지 떨어지자, 수입이나 수익률의 확보가 투자자들의 행동을 지배하는 요인이 되었다. 연기금과 보험사의 경우에는 수입이나 수익률 확보가 규제당국이 요구하는 하나의 필수조건이다. 그러나 퀄리티 성장투자자들은 배당을 불신의 눈초리로 본다. 그 이유는 자본이 배당으로 사용되면, 그 자본을 사용해 벌어들일 수 있던 수익, 요컨대 그 자본에 해당하는 투하자본수익률은 영원히 사라지기 때문이다.

주주들에게 지급된 돈은 해당 기업이 새로운 수익을 올리는데 더 이상 재투자될 수 없다. 우리가 앞에서 살펴본 바와 같이, 높은 수익률로 현금흐름을 재투자했을 때 얻을 수 있는 복리효과는 퀄리티 성장투자의 우수한 실적을 견인하는 매우 강력한 요인이다.

배당수익률도 오해를 유발할 수 있다. 2013년과 2014년 유틸리티주들이 벤치마크 시장지수보다 무려 12% 높은 실적을 냈다. 결과적으로 유틸리티주들의 PER이 상승했는데, 이는 유틸리티기업들의 잠재력을 근본적으로 재평가한 것을 의미했다. 그런데 사실 이런 변화는 새로운 저금리 환경에서 수익률을 추구하는 자금들이 대량 유입된 결과에 불과했다. 유틸리티기업들 자체는 사업체로서 그전보다 좋아진 것도 나빠진 것도 전혀 없었다. 그리고 금리의 상승이나 하락 같은 금리변화에 여전히 민감한 상태였다.

투자자들이 높은 배당수익률이라는 피상적인 매력에 현혹되는 경우가 종종 있다. 배당주 옹호자들은 배당수익에는 다른 형태의 투자수익보다 가벼운 세금이 부과되는 경우가 많기 때문에 배당금이 투자자들에게 세금상 이점이 있다고 주장한다. 그러나 제한되지 않은 시간지평을 가진 퀄리티 성장투자자들에게 세금 문제는 부차적인 문제다. 그런 퀄리티 성장투자자의 경우는 세금이라는 '꼬리'가 투자라는 '몸통'을 흔들 수 없다.

어떤 기업이 더 이상 적절한 자본수익률을 확보할 수 없다는 것을 알게 되면, 배당금 인상이나 자사주 매입으로 주주들을 계속 만족시키려는 유혹을 받을 수 있다. 또 어떤 기업들은 자금이 싸기 때문에 이때야말로 부채를 사용할 최적의 시기라고 주장하면서 순전히 배당금 지급을 목적으로 채권을 발행하기도 한다. 그리고 많은 주주들은 군소리 없이 이런 허구에 빠져들고 만다. 그러나 결국 이들은 명목적 혹은 실질적으로 수익이 서서히 잠식되거나 부채비용이 증가함으로써 배당금이란 신기루에 속은 대가를 지불할 수밖에 없게 될 것이다.

퀄리티 성장투자자의 입장에서 볼 때, 배당금은 해당 기업이 향후 5~10년 동안 이익의 복리 증가를 확보할 수 있는 다른 모든 수단에 자본을 투입했고, 더 이상 추가로 자본 투입이 필요한 그런 수단이 남아있지 않은 경우에만 지급되어야 한다.

사실 한 기업의 배당성향이 증가하기 시작하면, 이는 그 기업이 조만간 성장락 단계 ex-growth(성장이 둔화되고 결국엔 성장이 사라지는 단계)에 들어갈 수 있다는 조기 경보가 될 수 있다. 하나의 할인기제로서 주식시장은 무슨 일이 벌어지고 있는지 개인투자자들이 알기 훨씬 전에 이미 이를 예측했을 것이다. 그로 인해 그 기업의 PER은 닥쳐올 이익창출능력의 둔화를 반영해 이미 하락했을 가능성이 매우 높다. 이 때 이 기업의 낮은 PER과 높은 배당수익률은 매우 매력적으로 보이겠지만, 사실 그 주식은 '가치함정'이 된 것이다.

훨씬 나쁜 경우는 기업이 유상증자로 배당금 재원을 조달할 때다. 이는 지속적인 수입을 주주들에게 제공하는 데 필요한 자금을 그 주주들을 이용해 확보하는 경우다. 이 경우 주주는 그저 돈을 한 주머니에서 다른 주머니로 옮기는 식으로 자신에게 지급할 배당금 재원을 자기 스스로 마련해야 한다. 뿐만 아니라 유상증자로 발행된 신주는 기존의 주당순이익 가치를 희석시킬 수밖에 없다. 이런 종류의 유상증자로 발행되는 주식은 대개 기존 주가보다 상당히 할인된 매력적인 가격에 발행되는데, 이는 해당 기업의 전체 주가에 과도한 압력을 가하게 된다.

추세와 시장유행

퀄리티 성장투자는 오랜 기간 높은 수익을 낼 수 있는 장기적인 승자를 찾는 일이다. 사실 이는 리스크와 수익 특성이 나쁜 산업과 기업을 피하는 일이기도 하다. 때때로 시장은 열광적이 되기도 하고, 또 때로는 새로운 경제적 혹은 사회적 추세에 사로잡히기도 한다. 많은 소비재 브랜드의 기존 사업모델이 전자상거래로 바뀐 것이 그 대표적인 예다. 인터넷 기반의 플랫폼들은 소비자들에게 다가갈 수 있는 보다 빠르고, 간

편하며, 종종은 비용이 더 저렴한 방법이다.

　이동전화나 최초의 로봇 같은 혁신은 여러 산업과 삶의 양식 전반에 걸쳐 혁신의 물결을 불러일으킬 수 있다. 처음에는 이런 혁신 추세를 알고 그 추세로 혜택을 입는 기업들이 좋은 퀄리티 성장주식의 모든 요소를 다 충족시키는 것처럼 보일 것이다. 그러나 시간이 가면서 그리고 보다 많은 생산자들이 그런 추세에 합류하면서, 그 기업은 가격결정력과 유기적 성장이라는 중요한 특성을 잃게 된다. 획기적인 새로운 아이디어가 결국엔 평범한 상품commodities이 되는 경우가 많다.

　최근의 또 다른 분명한 추세는 고령화인데, 이로 인해 요양원과 치과 진료에 대한 수요가 증대되고 있다. 또 다른 추세는 비만인데, 이는 고관절 및 무릎관절 대체술 그리고 당뇨병 치료에 대한 수요를 증대시키고 있다. 현금 없는 결제와 온라인쇼핑 추세도 있고, 로봇공학 추세도 있다. 가장 성공적인 기업은 이런 추세들이 널리 알려지고 이용되기 전에 먼저 이를 예측한 기업들일 것이다. 이를 통해 이런 기업들이 선발주자의 이점을 갖게 되면, 자신의 사업을 보호하는 해자를 구축할 수 있게 된다. 시간이 가면서 이들 기업은 시장 지위와 시장 침투력을 높이고, 잠재적 경쟁자들에 대해 높은 진입장벽 또한 쌓게 된다. 최소한 당분간은 지금의 페이스북이나 마스터카드 혹은 비자에 필적할 만한 여러 경쟁자들이 등장하는 상황은 상상하기 힘들다.

　그러나 그런 추세를 이끌었던 테마는 또 점차 사그라지기도 한다. 스마트폰시장에 대한 애플의 지배가 난공불락처럼 보이고 전 세계에 대한 판매 가능성이 무한한 것처럼 보일 때가 있었다. 그러나 현실은 달

랐다. 시장 침투는 포화상태에 도달했고, 지금 애플은 보다 저가 제품을 출시하는 경쟁자들의 도전에 직면해 있다. 추세가 그 모멘텀을 잃은 것으로 보일 때, 주식시장은 그 이전에 이미 해당 산업이나 기업의 성장 둔화를 예측한 상태일 것이다.

그래서 시장참여자들은 아직 이해하지 못하는 상황에서 그런 기업의 PER은 이미 하락한 상태일 것이다. 그러면 많은 사람들은 해당 기업에 대한 보유비중을 늘리거나 보유기회를 잡으려 할 것이다. 그러나 이 때쯤이면 유리했던 추세는 그 종말에 근접했을 것이고, 따라서 해당 기업은 퀄리티 성장투자로 평가받을 수 있던 가장 중요한 이유를 잃은 상태가 될 것이다. 이는 가치함정의 또 다른 사례가 될 수 있다. 퀄리티 성장기업이 가치함정으로 변하게 되면, 주가가 싸졌다는 이유로 밸류에이션 상승에 초점을 맞추고 투자한 투자자들은 대개 영구적인 자본손실을 입게 된다.

적극적인 운용과 소극적인 운용

전체로서 주식시장은 그 예지능력에 대해 투자자들로부터 무한한 존경을 받을 자격이 있다. 미래를 할인하는 능력은 시장이 가진 최대의 강점이다. 이는 많은 논의가 있었지만 거의 이해하지 못한 '시장의 미스터리mystery of the market'다. 그러나 집단적으로 시장을 구성하는 많은 개별 투자자들의 경우에는 그렇지 않다. 직업투자자를 포함한 대부분의 개별 투자자들은 한 발 앞서가는 데 상당한 어려움을 갖고 있다. 이들 중 벤치마크 시장지수를 넘어서는 초과 수익을 꾸준히 내고있는 투자자는 소수에 불과하다.

지난 20년 동안 가장 두드러진 추세 중 하나는 소극적으로 투자를 운용하는 패시브 펀드들이 하나의 투자 해결책으로 계속 증가한 것이다. 적극적 투자운용, 즉 액티브 투자운용과 달리 패시브 투자자들은 벤치마크 시장지수를 이기려 하지 않는다. 대신 이들은 '벤치마크 시장지수와 같은 실적을 내는 것'을 유일한 목표와 목적으로 하는 펀드, 즉 인덱스펀드^{지수펀드}에 투자한다. 이런 인덱스펀드의 큰 강점은 모든 매매가 사실상 컴퓨터를 통한 과정으로 설계되고 실행되기 때문에 대개의 경우 액티브 펀드운용사들에 비해 그 비용이 매우 저렴하다는 것이다. 주식을 고르는 데 값비싼 인간 펀드매니저를 고용할 필요가 없는 것이다.

이런 패시브 펀드운용이 부상하게 된 것은 평균적으로 대다수의 액티브 펀드들이 그들이 이기고자 하는 벤치마크 시장지수보다 높은 수익을 내는 데 실패했다는, 지금은 널리 알려진 증거 때문이었다. 비용의 차이도 중요한 이유 중 하나다. 컴퓨터에 의해 수동적으로 운용되는 인덱스펀드들은 5년 이상 시장평균 정도의 실적을 꾸준히 내는 경향이 있다. 갈수록 더 많은 투자자들이 인덱스펀드보다 높은 수익을 낼 수 있는 소수의 더 비싼 인간 펀드매니저를 찾는 도박을 하기보다는, 시장지수에 확실히 연동하는 것이 더 많은 보상을 받을 수 있는 투자법이라는 결론에 도달하게 되었다.

액티브 펀드매니저들의 도전 대상은 자신의 실적이 비교되는 지수에 있다. 관련된 주가지수는 자신의 실적이 비교되는 벤치마크가 되고, 그가 넘어야 할 허들이 된다. 예컨대 S&P 500 같은 주가지수는 상대적 시가총액에 따라 지수 내 가중치가 결정되는 여러 기업들로 구성된다. 예를 들어 금융회사들의 가중치는 자동차제조사나 상품생산회사들 producers of commodities의 가중치와 다르다. 은행이나 보험사 각각의 개별 가중치도 다른 은행이나 보험사와 다르다. 같은 원칙이 기술기업이나 다른 산업재기업 등에도 적용된다.

여기서 액티브 펀드매니저가 할 일은 그가 벤치마크하고 있는 지수에서 서로 다른 산업과 주식의 가중치들을 정확히 파악하는 것이다. 그가 다른 산업에 비해 어떤 특정 산업에 보다 낙관적이라면, 그는 자기 포트폴리오에서 해당 주식에 더 많은 가중치를 주게 된다. 가령 은행들이 벤치마크 지수에서 40%의 가중치를 갖고 있다면, 액티브 펀드매니저는 자신이 은행업종에 대해 얼마나 낙관적이냐 혹은 비관적이냐에 따라 벤치마크 지수에서 부여한 가중치보다 높은 혹은 낮은 가중치를 부여하게 된다. 그는 이런 식으로 자신의 포트폴리오에서 가중치들을 조정함으로써 지수 수익률을 넘어서는 보다 좋은 실적을 내는 것을 목표로 한다. 이렇게 하기 위해 적어도 그는 포트폴리오를 적극적으로 운용할 때 드는 비용을 충당할 필요가 있다. 이런 비용에는 분석비용, 포트폴리오 구성주식들을 매수 및 매도하는 비용이 포함된다.

그런데 지수를 추종하는 인덱스펀드들이 퀄리티 성장투자자들에게 요구되는 정도의 집중적인 분석을 기초로 운용된다면, 이는 매우 벅찬 일이 된다. 정의상 지수에는 특정 시장 혹은 시장 업종을 구성하는 모든 기업들, 그러니까 수백 개의 서로 다른 기업들이 포함된다. 이런 모든 기업들의 이익 전망을 분석하고, 경영진에 대한 자세한 정보를 얻고, 수백 개의 보고서와 재무제표들을 검토하는 등의 일은 사실상 불가능하다. 따라서 인덱스펀드들은 컴퓨터를 이용해서 추종하는 지수의 모든 주식들을 펀드 포트폴리오에 그대로 담고, 이들 주식에 지수에서 부여한 것과 동일한 가중치를 부여함으로써 이 문제를 우회한다. 이런 방식이 가진 미학은 어떤 기본적인 분석도 필요 없다는 것이다.

대부분의 액티브 펀드운용사들이 벤치마크 지수를 이기는데 실패하자 소극적으로 운용되는 패시브 펀드들, 특히 인간의 개입이 거의 없이 기계적으로 운영되는 본질적으로 저비용의 패시브 펀드인 상장지수펀드ETF로 투자 유입이 증대되었다.

액티브 펀드운용에 대한 비판이 항상 타당한 것은 아니다. 성공적인 액티브 펀드운용사들도 많다. 그럼에도 불구하고, 이들이 부과하는 수수료에 대한 압력은 누그러지지 않고 있다. 세계 최대의 자산운용사 중 하나인 피델리티Fidelity는 최근 운용수수료를 전혀 부과하지 않는 새로운 인덱스펀드를 출범시켰다. 또 다른 새로운 인덱스펀드는 투자자들에게 수수료를 부과하는 대신 오히려 약간의 금액을 지불하고 있다.

인덱스펀드의 문제는 운영비용이 낮음에도 불구하고 수수료가 너무 하락한 탓에 펀드운용사 자체가 손실을 볼 리스크가 있다는 것이다. 따라서 이들은 펀드 자산을 이용해 다른 방법으로 돈을 벌어야 한다. 그런 펀드운용사들이 자신의 생활비를 벌기 위해 하는 가장 전형적인 사업은 이른바 증권대여다. 이는 일정한 수수료를 받고 펀드가 보유한 주식의 일부를 제3자에게 빌려주는 것이다. 제3자는 빌린 주식을 공매도한 후 더 저렴한 가격에 되사서 상환하고, 그 차액으로 수익을 내는 것을 목표로 한다. 증권대여 과정은 복잡하고 펀드의 증권수탁자나 다른 업무담당자가 처리하고 있는데, 여기에 또 비용이 소요된다.

이처럼 주식을 빌려 공매도하려는 제3자에게 주식을 대여하는 것에는 몇 가지 심각하게 고려해야 할 사항이 있다.

첫째, 퀄리티 성장투자의 10대 황금법칙은 부채 없는 재무상태에 매우 확고한 입장을 고수한다. 똑같은 원칙이 증권대여에도 적용된다. 퀄리티 성장투자자는 이런 식으로 공매도에 이용되는 기업 주식은 피할 것이기 때문에, 그런 주식 차입자들에 대한 증권대여도 마찬가지로 싫어한다. 대여의 수익이 증권이냐 현금이냐 하는 것은 중요한 문제가 아니고, 대여 결정을 하는 데 어떤 담보가 있어야 하는지도 중요하지 않다. 대여는 대여일 뿐이다.

둘째, 증권대여는 대여자인 펀드매니저나 투자자가 퀄리티 성장투자와는 매우 다른 투자철학을 가진 제3자와 경제적 관계를 맺는 것을 의미한다. 주식 차입자인 제3자는 해당 기업의 보다 장기적인 전망에는 관심이 없을 뿐 아니라 해당 주식을 공매도하기 때문에 그 기업의 주가에 하방 압력을 가하게 된다. 이는 해당 기업의 기존 투자자들에게 불리한 요인으로 작용한다.

셋째, 공매도를 목적으로 한 주식 차입자의 하방 리스크 혹은 영구적 자본손실 리스크를 계량화하는 것은 불가능한데, 투자자(혹은 펀드운용사)는 그런 차입자에게 증권을 대여하는 셈이 된다. 매수만하는 투자자가 부담하는 리스크는 그가 투자한 돈을 전부 잃을 리스크로서 이를 계량화 할 수 있는 반면, 주식차입 공매도자의 리스크는 측정할 수 없다. 공매도한 주식의 주가가 두 배, 세 배, 혹은 10배로 뛸 수도 있는데, 이 경우 공매도자의 리스크는 계량화할 수 없을 정도다. 그런데 퀄리티 성장투자 유니버스는 장기 전망이 좋은 기업들이다. 주가에 대한 단기적인 압력이 발생할 수 있고 또 발생하지만, 이런 기업의 보다 장기적인 전망은 우수하다.

마지막으로, 그런 증권대여로 투자자가 얻을 수 있는 수익은 증권대여 업무담당자에게 지불하는 비용 때문에 없어지거나 희석된다. 증권대여는 장기적으로 수익성 있는 사업모델이 아니며, 오히려 피해야 할 사업모델이다. 따라서 증권대여 사업을 하는 인덱스펀드에 투자한 투자자는 지수 추종 펀드에 투자했기 때문에 리스크를 낮췄다고 (그렇게 믿기 때문에) 자축하지만, 사실은 다르다. 오히려 그는 리스크를 높였을 뿐만 아니라 그 리스크를 계량화할 수도 없게 된 것이다.

잘 훈련된 퀄리티 성장투자 매니저와 대부분의 액티브 펀드매니저들을 한 묶음으로 보려고 할 수도 있겠지만, 이는 잘못된 것일 뿐 아니라 퀄리티 성장투자의 필수적인 논점을 놓친 것이기도 하다. 진정한 퀄리티 성장투자 매니저는 기업의 기본적인 특질에 대한 집중적인 분석을 통해서만 투자대상 유니버스를 골라내기 때문이다. 대부분의 액티브 펀드매니저들과 달리 퀄리티 성장투자 매니저는, 그의 실적이 비교되는 벤치마크 지수의 구성에 거의 혹은 전혀 관심을 갖지 않는다. 그는 그 종류도 다양한 그리고 종종은 퀄리티가 낮은 광범위한 기업들 전반에 걸쳐 투자하는 일에는 전혀 관심이 없고 원하지도 않는다. 그가 찾는 것은 최고의 기업들뿐이다.

퀄리티 성장투자자는 주식 선정에 매우 꼼꼼하고 기본적으로 장기투자자이기 때문에, 전통적인 액티브 펀드매니저보다 포트폴리오 보유종목이 적고 포트폴리오 회전율도 낮은 게 일반적이다. 벤치마크 지수를 이기려는 액티브 펀드매니저는 항상 벤치마크 지수의 실적에 비추어 자신의 실적을 평가해야 하는데, 이는 지수를 구성하는 모든 종목에 대해, 그들의 장점은 고려하지 않은 채, 그 주가와 가치의 변화를 일일이 추적 관찰해야 함을 의미한다. 이것은 투자자가 되는 것과는 전혀 다른 일이다.

가족기업

앞서 살펴봤지만, 퀄리티 성장투자 유니버스에는 가족기업이 많이 등장한다. 이런 형태의 기업은 일반적으로 퀄리티 성장투자자들이 환영하는 그런 특징을 보인다. 가족 내 세대를 거치면서 기업이 계속 생존하고 성장해야 하기 때문에, 가족기업들은 리스크를 극도로 경계하고, 보수적인 재무구조를 선호하며, 기업의 지속성과 장기적인 성장을 더 중시하는 경향이 있다.

그러나 가족기업이라고 해서 모든 것이 다 좋은 것은 아니다. 외부 투자자의 입장에서 볼 때 썩 좋다고 할 수 없는 기업지배구조가 가끔 이들의 아킬레스건이 될 수도 있다. 따라서 가족기업의 경우, 소액주주들이 그저 오너 일가의 야망에 재원을 공급해주는 지나가는 객으로 취급되지 않는 것이 매우 중요하다. 모든 주주들이 정당하고 동등한 소유주로 간주되어야 한다. 이해관계자 거래related-party transactions, 투자자와의 의사소통IR, 배당정책 같은 문제에 부적절하거나 옳지 않은 정책을 펴고 있다면, 이는 퀄리티 성장투자자에게 일종의 경고다.

사실 독립적인 이사의 임명 같은 기업지배구조 기준들은 가족기업이 기업을 공개할 때 개선되는 것이 일반적이다. 외부 투자자들의 이해관계에 보다 중요하고 보다 밀접히 관련된 것은 기업의 결정체계다. 2017년 크레디트스위스연구소Credit Suisse Research Institute는 지역별, 산업별, 규모별로 1,000개에 달하는 가족기업들에 대한 분석 보고서를 발표했다.

이 보고서에 따르면, 가족기업들은 보수적으로 재원을 조달한 성장(이는 신규투자 재원이 일반적으로 내부에서 창출된 현금흐름으로 대부분 조달된다는 것을 의미한다) 그리고 연구개발 및 혁신에 대한 보다 높은 수준의 투자를 매우 선호하고 있었다. 이런 가족기업들의 주가 실적을 측정하기 위해 만들어진 지수는 이들 기업이 지역, 산업, 혹은 규모에 관계없이 지난 10년 동안 전체 주식시장보다 좋은 실적을 냈음을 보여주었다. 이 가족기업 지수는 2006년에서 2016년까지 10년 동안 MSCI 전세계지수MSCI All Countries World Index보다 연평균 4% 높은 실적을 냈다.

한 가족이 지배지분을 가지면 그 기업은 단기적으로는 고통스럽더라도 장기적으로는 수익성 있는 결정을 보다 쉽게 내릴 수 있다. 장기투자

그림 6-1 | 가족기업의 대표적 사례 ① : 에스티로더

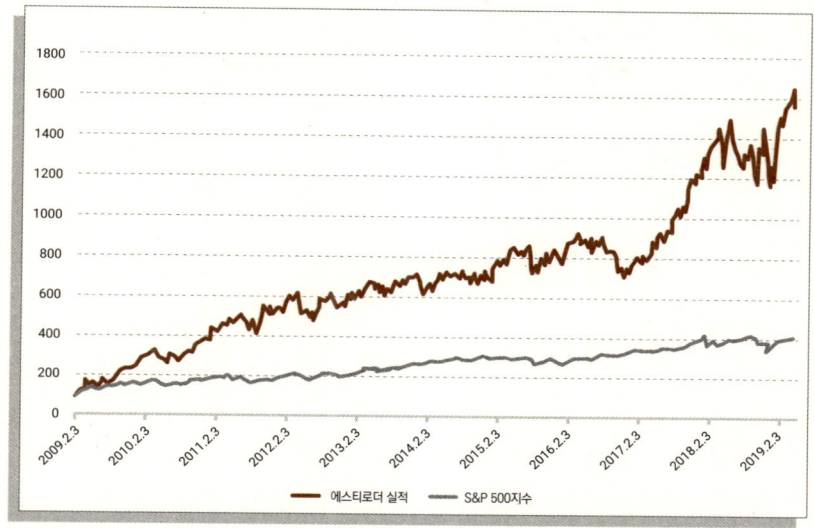

자료: 블룸버그

는 상장기업의 단기적인 보고주기에 시달리는 비가족기업으로서는 택하기 어려운 부담이 되는 경우가 많다. 그러나 가족지배기업은 투자자들의 이런 단기적인 요구에 받는 영향이 덜하다.

한 가지 좋은 사례는 고급 뷰티제품의 세계적인 리더인 에스티로더다. 에스티로더는 간결하고 유연한 사업모델을 발전시켜왔는데, 그 핵심 경쟁력은 보유하고 있는 강력한 브랜드 포트폴리오뿐만 아니라 뷰티산업에서 가장 빠르게 성장하는 부문의 수요에 맞출 수 있는 속도에 있다. 제품 범주, 지역, 그리고 유통채널 지향적인 에스티로더는 장기투자로 높은 수익을 올릴 기회가 있는 곳이면 어디든 투자할 것이다. 그리고 에스티로더는 보다 단기에 보다 높은 이익을 원하는 투자자들의 압

그림 6-2 | 가족기업의 대표적 사례 ② : 에르메스

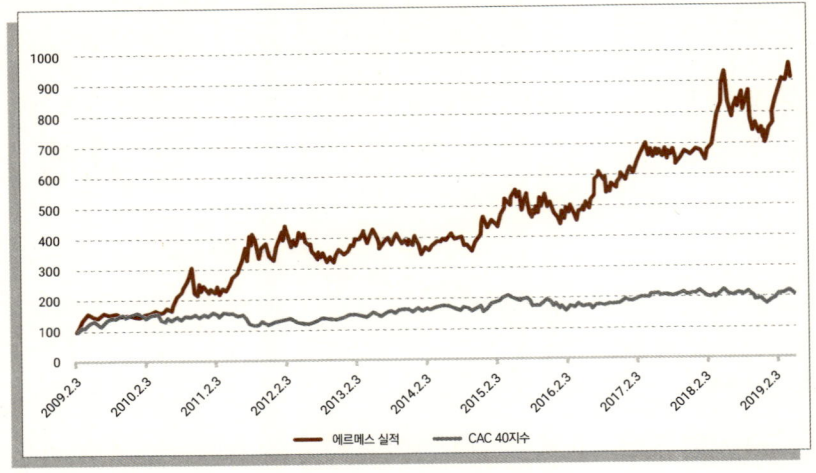

자료: 블룸버그

력은 기꺼이 무시할 수 있음을 보여주었다.

진정한 퀄리티 성장기업인 에르메스는 다른 방식이긴 하지만 가족기업이 어떻게 장기적으로 지속가능한 퀄리티와 성장을 우선할 수 있는지 보여주는 또 다른 좋은 사례다.

1837년 티에리 에르메스Thierry Hermès가 회사를 설립한 후 줄곧 회사를 지배해 온 에르메스 가족은 그 대표제품들의 공급을 신중하게 통제함으로써 에르메스 브랜드의 정체성과 스타일을 지키고 있다. 에르메스는 시장의 요구를 만족시키기 위해 달려드는 일은 전혀 하지 않고, 오히려 그 반대로 하고 있다. 요컨대 여러 대표제품에 대해 한 고객이 구매할 수 있는 양을 제한하고 있다. 그럼으로써 에르메스는 자사 제품이 최고 고객만 누릴 수 있는 최고급 브랜드라는 인식을 심어줌과 동시에 지속적인 성장을 확보하는 일석이조의 효과를 누리고 있다.

경영진과 회사의 장기적인 이익이 서로 밀접히 연관되어 있기 때문에 일부 가족기업은 퀄리티 성장투자자의 요구를 자연스럽게 충족시키고 있다.

가치, 성장 그리고 퀄리티 성장

투자자들은 투자 스타일에 어떤 이름을 붙이는 것을 좋아한다. 이는 투자자들이 특정 투자 스타일을 구체적인 시장 환경에 맞추는데 도움을 준다. 기관투자가들이 시장분위기 변화를 이용하기 위해 투자 스타일별로 자산을 배분하는 역할을 할 경우, 이들은 예컨대 일반적으로 가치투자의 대안으로 알려진 성장투자에 대한 노출 위험을 줄임으로써 가치투자에 좀 더 비중을 두는 것을 주기적으로 고려할 것이다. 주기적인 시장분위기의 변화는 기관 및 개인 투자자들이 그에 맞춰 이리저리 투자 스타일을 바꾸면서 자신의 포트폴리오를 바꾸는 것을 두려워하지 않게 만들기도 한다. 이들은 경기상승기에는 경기민감주들의 주가 모멘텀을 이용할 것이다.

이런 식으로 투자 스타일이 전환된 가장 분명한 사례는 당시 새로 선출된 미국 대통령 도널드 트럼프의 정책발표 후에 있었다. 인프라투자를 통해 미국경제를 부양하겠다는 그의 제안은 성장투자나 퀄리티 성장투자에서 가치투자 쪽으로 제 1차 포트폴리오 조정 바람을 불러일으

컸다.

　이런 결정에 도움을 준 또 다른 요인은 트럼프가 발표한 세제 변경과 함께 미국 연방준비은행이 제공했던 이지머니$^{easy\ money}$[1]의 시대가 끝나가고 있다는 인식에서 촉발된 긍정적인 경기 전망의 부상이었다. 미국 기업들이 세금에 대한 공포로 해외에 묶어둔 수십억 달러의 수익금을 본국에 송금할 것이란 전망도 추가적인 영향을 미쳤다. 그 결과, 일반적으로 은행이 선도하는 경기주들이 2016년 11월 이후 몇 주 혹은 몇 달 동안 성장주들보다 좋은 실적을 냈다. 이는 빠른 투자수익을 올리려는 열망 속에 투자자들의 시간지평이 짧아졌기 때문에 상승하는 주가가 기업의 퀄리티보다 우선시 된 명백한 사례였다.

　최근에는 스마트 베타펀드들$^{smart\ beta\ funds}$이 유행했다. 스마트 베타펀드란 높은 그리고 증가하는 배당금을 지급하는 기업들을 골라 벤치마크 지수를 상회하는 실적을 내려는 펀드를 말한다. 컴퓨터로 설계된 모델들은 해당 기업들의 안전성과 배당금의 지속가능성을 입증하는 것을 목표로 하며, 또 다른 컴퓨터 모델들은 해당 기업의 자산가치가 부채보다 적어질 때 그 기업이 채무불이행에 빠질 가능성은 없는지 평가한다. 이런 모델들은 인간적인 측면은 무시하고 시장의 미스터리들(시장의 예지능력과 미래를 할인하는 능력)을 뛰어넘으려 한다.

　투자 스타일에 이름을 붙이는 시도를 하면서 시장관찰자들은 '가치'가 어떻게 '성장'을 이기는지에 대해, 그리고 지금은 포트폴리오 구성을

1　역자 주: 중앙은행의 유동성 공급으로 조달비용이 낮아진 자금.

바꿀 때라고 신속하게 논평했다. 시장에서 짧고 강한 논평이 깊은 사고보다 우선시될 때 이런 일이 종종 벌어진다. 그러나 이 과정에 시장관찰자들은 보다 세분화할 필요가 있는 '성장'이라는 개념을 너무 단순화하는 위험을 저지르고 말았다. 이번 장의 목적 중 하나는 성장과 퀄리티 성장, 그리고 퀄리티 성장투자와 가치투자를 구분하는 것이다.

성장투자와 퀄리티 성장투자

일반적인 말에 따르면, 성장률이 평균 이상인 기업은 그렇지 않은 시장의 나머지 기업들보다 PER이 더 높을 것이라고 한다. 이는 성장률이 평균 이상인 기업의 주주들이 우수한 수익을 올릴 수 있게 해주는 좋은 시장 여건을 만들게 된다. 이것이 성장투자의 기본이다. 그런데 사실은 이른바 성장기업들이 모두 수익성 있는 기업은 아니란 것이다. 해당 분야의 리더로 빠르게 성장하고 있지만 여전히 큰 손실을 내고 있는 대표적인 예는 넷플릭스Netflix다.

넷플릭스가 여전히 큰 손실을 내고 있는 이유는 부채가 많고 사업에 막대한 현금이 들어가고 있기 때문이다. 넷플릭스가 지금까지 주주들에게 안겨준 수익은 대단했지만, 그 성공의 기반은 여전히 매우 불안한 상태다. 2018년 4분기 넷플릭스의 주가 실적은 이를 잘 보여주고 있다. 당시 넷플릭스가 많은 부채를 가진 상태에서 미국 연방준비은행이 통화긴축으로 돌아설 것이란 전망이 있었고, 이는 넷플릭스 주가에 큰 타격을 가했다. 그런데 그 후 분위기가 달라지면서 금리인상에 대한 연방준비은행의 입장이 바뀌자, 넷플릭스 주가는 다시 강하게 상승했다.

넷플릭스가 성장기업인 것은 맞지만, 높은 부채 수준 때문에 퀄리티 성장투자의 기준은 통과하지 못한 성장기업이라는 것이 현실이다. 계속 이런 상태라면, 주주들에게 돌아갈 수익은 전적으로 부채시장 상황에 달려 있다. 퀄리티 성장투자자가 요구하는 미래 수익의 확실성이 전혀 없는 것이다.

그림 6-3 | 넷플릭스 주가 실적과 MSCI 선진국지수(총수익지수)

자료: 블룸버그

퀄리티 성장기업이 될 수 있는 기준들은 3장에서 소개한 바 있다. 성장주와 구별되는 퀄리티 성장주의 핵심적인 차이는 다음과 같다. 첫째,

과거부터 오랫동안 성장해 온 실적이 있다. 둘째, 순부채가 거의 혹은 전혀 없는 강력한 재무구조를 갖고 있다. 셋째, 회계가 정직하고 일관성 있으며 투명하다. 넷째, 기업지배구조가 건전하고 보다 장기적인 시각과 태도를 갖고 있다.

흔히 말하는 성장주 중 많은 기업은 이 중 하나 혹은 그 이상의 기준을 통과하지 못하고 탈락한다. 문제가 되는 것은 그들의 성장률이 아니라, 다른 기준들에 부합하지 못한다는 것이다.

퀄리티 성장자산의 특징으로 장기적인 듀레이션long-duration이 매우 중요하다. 금융계에서 한 기업의 듀레이션은 그 기업의 미래 잉여현금흐름이 언제 정점을 찍을 것으로 예상되느냐에 의해 결정된다. 평균적인 기업은 설립 후(적어도 생존했다고 가정할 경우), 처음 5년 동안 잉여현금흐름이 증가한다. 그러나 새로운 경쟁자가 등장해 기존 업체의 시장 주도권에 도전함으로써 초기의 경쟁우위가 사라지면, 잉여현금흐름이 감소한다. 그런데 진정한 퀄리티 성장기업의 경우, 잉여현금흐름은 그 기업의 우수한 특징에 힘입어 기한 제한 없이 계속 증가한다. 그 결과 퀄리티 성장기업의 정점은 평균적인 기업보다 훨씬 먼 미래에 있다. 듀레이션이 매우 장기적인 것이다.

국채와 회사채의 경우, 현금흐름의 듀레이션은 금리 수준과 방향에 영향을 받는다. 미래의 현금흐름이 다시 현재로 할인되기 때문에 금리 상승은 듀레이션을 단축시킨다(따라서 채권가격을 하락시킨다). 퀄리티 성장기업도 듀레이션이 장기적인 자산이고 믿을만한 현금흐름 때문에 이따금 '성장채권'이라고도 불린다. 그렇다면 퀄리티 성장기업도 채권과 같은 식의 영향을 받지 않을까? 타당한 질문이긴 하지만, 그에 대한 답은 당연히 다르다.

금리상승 환경에서 부채가 많은 기업은 자신의 현금흐름으로 부채 원리금을 상환하지 못해 파산할 수도 있다. 이는 퀄리티 성장기업에는 해당되지 않는 리스크다. 해당 기업이 부채가 거의 혹은 전혀 없다면, 시장에서 차입비용이 아무리 높아져도 그 기업의 수익에는 영향을 미치지 못한다. (우연히도 같은 논리가 노동비용에도 적용된다. 퀄리티 성장투자 유니버스의 많은 기업들이 그런 것처럼, 기업의 노동집약도가 낮으면 노동비용이 상승해도 그 기업에 그리 타격을 주지 못한다. 마찬가지로 상품 commodity 가격의 상승도 퀄리티 성장기업에 별 타격을 주지 못하는데, 그것은 이들 기업의 비용구조에서 상품 비용이 차지하는 비중이 낮기 때문이다. 이런 특징은 퀄리티 성장기업이 가격결정력을 유지하거나 강화할 수 있게 해준다.)

금리상승이 퀄리티 성장기업에 미치는 영향은 그런 금리인상을 유발한 요인이 무엇이냐에 달려있다. 강력한 경제성장에 대한 대응으로 금리를 인상한 것이면, 이는 일시적으로 퀄리티 성장기업에 타격을 줄 수 있다. 그러나 다른 요인들에 의해 금리가 인상된 것이면, 이는 퀄리티 성장기업에 그리 타격을 주지는 않을 것이다. 예를 들어, 공급 단절에 따른 오일가격 인상이나 노조의 협상력에 따른 노동비용 인상이 인플레이션을 상승시키면 다른 형태의 기업들은 퀄리티 성장기업보다 더 타격을 받게 될 것이고, 이는 퀄리티 성장기업의 경쟁력을 오히려 높여줄 것이다. 금융위기가 금리상승의 원인이라 해도, 퀄리티 성장기업은 여전히 좋은 실적을 낼 것이다. 증대되는 정부의 재정적자에 대한 공포가 원인이라 해도, 그것이 자동적으로 퀄리티 성장기업에 부정적으로 작용하는 것은 아니다.

1994년은 금리상승기에 시장이 어떻게 행동할지에 대한 매우 흥미로운 선례를 제공해 주고 있다. 1990년대 초 경기침체와 미국 저축대부조합위기 이후 미국 연방준비은행은 실질 단기금리를 18개월 동안 0%로 유지했다. 그러던 1994년 2월, 마침내 앨런 그린스펀 연준 의장은 1년도 안 되는 기간에 연방기금$^{Fed\ funds}$ 금리를 3%에서 5.75%로 올리는 일련의 금리인상으로 시장을 놀라게 했다. 장기금리도 가파르게 상승했다. 이런 선례의 첫 번째 교훈은 미국 주식시장은 계속해서 플러스 절대수익을 냈다는 것이다. 그리고 두 번째이자 가장 흥미로운 교훈은 성장지향형 업종들이 이런 실적을 견인했으며, 이들이 건설, 항공, 자동차, 금속처럼 일반적으로 듀레이션이 짧은 업종들보다 훨씬 앞서는 실적을 냈다는 것이다.

'전통적인 성장투자자들'이 종종 그 전망이 상대적으로 단기적이지만 (그리고 수익성이 전혀 없음에도 불구하고) 강력한 모멘텀을 가진 순전한 성장에만 주로 관심을 갖는 반면, '퀄리티 성장투자자들'은 그런 성장의 원천, 수단, 장기적인 지속가능성을 확인하려 한다.

앞에서 그리고 3장에서 소개한 퀄리티 성장요소를 모두 갖춘 기업인 경우에만 퀄리티 성장투자자들은 그 기업의 적정 밸류에이션은 무엇인가라는 2차적인 분석을 하고, 그 결론을 얻을 수 있다. 그런 모든 퀄리티 성장요소들에는 양적인 기준과 질적인 기준이 동시에 포함되어 있다. 퀄리티 성장투자자는 수치들을 자세히 분석하고(양적 분석), 경영진을 정확하게 파악함으로써(질적 분석), 그런 분석 없이 GARP^{growth at a reasonable price: 적절한 가격의 성장주}에만 주로 몰두할 경우 저지를 수 있는 실수들을 피할 수 있다.

전통적인 가치투자와 퀄리티 성장투자

그런데 일반적인 가치투자자들도 퀄리티의 안전성과 확실성을 추구하며, 퀄리티에 대해 장기적인 시간지평을 갖고 있고, 수치에 대한 분석도 철저하게 수행한다고 강조한다. 한 기업의 사업적 펀더멘털에 대한 가치투자자들의 생각은 효율적인 자산의 사용에 우선적인 관심을 두면서 그 기업의 전체적인 경제적 건전성에 초점을 맞춘다. 이들이 보기에 그런 효율적인 자산의 사용이란 그들이 말하는 이른바 '함정에 빠진' 가치를 구하기 위해 레버리지를 활용해 투하자본수익률을 높이는 것을 의미하는 경우가 많다.

또한 가치투자자들은 배당금 지급 여부, 그 규모, 그 정기성, 그리고 그간의 증가 여부를 핵심 요인으로 자주 고려한다. 사실 가치투자자들에게는 배당금 증가와 배당수익률이 매출, 이익률, 순이익의 증가보다 더 중요한 경우가 많다. 20년 동안 중단 없이 배당금이 증가한 기업을 '배당귀족^{dividend aristocrats}'이라고 한다. 배당귀족 투자법은 영국 투자자들에게 인기 있는 투자법이다. 영국에 있는 많은 기업들은 연간 혹은 반기 배당금을 늘려서 주주들을 만족시키려 하며, 이런 목표를 최우선 순위에 두고 있다. 투자자들 자신도 그 기업의 시장 지위, 가격결정력, 경영진의 질보다 배당수익률이라는 마법의 숫자를 더 우선시 하고 있다.

이런 배당금에 대한 갈망은, 배당금만 늘린다면 배당금 증액의 원천이 무엇이든 (예컨대 허락된 경우라면 내부유보금으로 증액을 했더라도) 별로 상관하지 않는 단계에까지 이를 수 있다. 주기적인 배당금 지급에 대한 이런 갈망은 채권수익률이 하락하고 디플레이션 압력이 있던 지난 10년간 특히 두드러졌다. 그러나 퀄리티 성장투자자들과 달리 가치투자자들에게는 해당 기업의 퀄리티보다 매수 및 매도의 기준으로 삼는 목표 주가 밸류에이션target share valuation이 더 중요할 수 있다. 그래서 가치투자자들에게는 평범한 퀄리티의 기업이라 해도 밸류에이션이 낮으면 밸류에이션이 높은 최고 퀄리티의 기업보다 더 매력적으로 보일 것이다.

또 이들에게 밸류에이션이란 해당 기업의 현재 주가를 그 기업의 성장 전망보다는 가장 최근의 실적과 훨씬 더 많이 비교하는 일이기도 하다. 이들에게 현재는 미래보다 중요하다. 따라서 퀄리티 성장투자자와 가치투자자의 시간지평은 매우 다르다. 퀄리티 성장투자자가 제한을 두지 않은 시간에 걸쳐 복리의 마법을 통해 수익이 수익을 낳는 그런 수익을 추구하는 반면, 가치투자자는 그보다 짧은 시간지평 안에서 수익을 내려고 한다. 가치투자자의 포트폴리오 실적은 이익 흐름의 지속적인 성장과 복리 성장을 반영하는 대신 연간 혹은 심지어 분기별로 발생하는 일련의 짧고 단속적인 실적이 될 것이다.

따라서 가치투자자의 시간지평은 퀄리티 성장투자자와 다르고, 그들의 비교분석 방법도 다르다. 한 기업의 자산(예컨대 순유동자산가치)을 그 기업의 밸류에이션(현재 주가수준)과 비교해 그 주식에 대한 투자여부를 결정하는 것은 미래의 예상수입을 할인해 현재가치를 구하는 작업과는 다른 작업이다. 가치투자자는 향후 1~2년이란 상대적으로 짧은 기간을 넘어서는 이런 계산을 하지 않으며, 그런 계산을 하지 않을 가능성이 많다.

퀄리티 성장투자자와 가치투자자의 투자법의 차이는 투자대상 그 자체의 경기순응성 여부에도 영향을 받을 것이다. 경기주라 해도 값이 싸다면 가치투자자들에게 매력적인 투자대상이 될 것이다. 이런 점에서 가치투자자들은 경기가 나빠서 값이 쌀 때 매수했다가 경기가 회복돼 값이 오르면 팔려는 경기대응적 편향counter-cyclicality bias을 갖고 있는 반면, 퀄리티 성장투자자들은 경기주를 피한다. 한 특정 시점에 경기가 어떤 기업의 주가에 부정적인 영향을 미쳤다면, 그 기업은 가치투자자들에게 매력적인 투자대상이 될 것이다. 반면, 퀄리티 성장투자자가 선택한 기업은 경기에 좌우되지 않는 확고한 가격결정력을 갖고 있어야 한다.

퀄리티 성장투자자들은 투자할 시장 상황을 찾기보다는 투자할 기업을 찾는다. 이들은 주식시장이 아니라 기업에 투자한다. 다행히도 어떤 역사의 장난이나 그 밖의 다른 이유들로 퀄리티 성장투자자들이 찾는 이런 기업들이 주식시장에 상장되어 있다. 비교하자면, 일반적인 가치투자자와 성장투자자들은 공개시장에서 호가가 형성된 상장기업 그 자체를 투자 대상으로 추구한다. 그런데 퀄리티 성장투자자는 사모를 통해 퀄리티 성장기업에 투자할 수 있다면, 그 기업을 매수하기 위해 사모투자전략을 채택할 것이다. 이런 접근은 스타일도 아니고 유행도 아니다. 이것은 리스크와 수익에 대한 하나의 영속적인 태도를 반영한 것이다.

한 가지 사례를 살펴보자. 2017년 처음 몇 개월 동안 미국의 정치상황 변화가 가치제안^{value proposition}(가치가 제공될 것이란 약속, 확신, 전망)에 유리해 보이는 시장 환경을 만들어냈고, 많은 투자자들은 분위기 변화로 혜택을 볼 경기주들을 목표로 삼았다. 풍부한 유동성에 힘입어 리스크 부담 성향이 증가했고, 이는 다시 활황이 찾아올 것이란 기대를 더욱 부추겼다. 1999년 닷컴버블 당시 유행했던 분위기와 그리 다르지 않았다. 그런 분위기가 얼마나 오래 갈지 결론내리는 것이 결코 쉬운 일은 아니지만 경험 많은 노련한 투자가들은 그런 분위기가 분명 끝나리라는 것을 알았고, 실제로 그 후 얼마 지나지 않아 그런 분위기는 사라져 버렸다.

이런 식의 부침에 관계없이 그리고 모든 경기주기에 걸쳐 예측 가능성이 높은 퀄리티 성장기업은 이익이 계속 증가할 것이고, 이는 다시 이들의 주가를 상승시킬 것이다.

평균적인 투자자와 퀄리티 성장투자자

관행에 따르고, 짧고 강한 뉴스에 귀 기울이고, 회사 이름만 보고 안심하는 것은 평균적인 투자자들의 성향이다. 장기적으로 이런 평균적인 투자자들의 수익은 평균적이겠지만, 그가 변명거리로 삼을 수 있는 이런저런 기존의 투자지식은 많다. 그러나 그가 모르는 사이에 그의 포트폴리오에 깔린 리스크는 커지고, 수익은 적어질 것이다. 그가 상장기업의 주가와 그 주가의 향후 며칠 혹은 몇 주 후 향방에만 집중하지 않고 그 기업의 기본적인 사업에 집중했다면 그보다 많은 수익을 올리거나 올릴 수 있었을 것이다.

퀄리티 성장투자자는 주가가 아니라 그 기업의 기본적인 사업에 집중한다. 이렇게 함으로써 리스크는 낮추고 수익은 높이는 것이다. 이것이 퀄리티 성장투자의 본질이다.

7장

지금 어떻게 투자할 것인가?
Financial Markets Today

투자자들이 저지르는 대표적인 실수 중 하나는 현재는 과거와 항상 다르다고 가정하는 것이다. 어떤 시기도 이미 지나가버린 과거와는 결코 똑같을 수 없고, 이것은 분명한 사실이다. 그러나 과거와 현재 사이에는 많은 유사점이 늘 존재한다. 따라서 여기서 과제는 현재의 특징이 과거와는 정말 다른 새로운 것이고 그래서 과거와 다른 사고가 필요한 경우, 그리고 현재의 특징이 사실은 과거의 단순한 반복이며 따라서 믿을 수 있는 것으로 이미 증명된 핵심 원칙들을 고수하는 것이 옳은 경우, 이 두 경우를 구분하는 것이다.

일군의 시장 논평자들과 전문가들이 주기적으로 말하고 있는 것처럼 세계금융위기 이후 10년은 여러 면에서 투자자들에게 특별한 기간이었다. 이 10년은 기존에 합의했던 생각이 틀렸음을 보여주었다. 2008년 세계금융위기가 그 정점에 달했을 때, 주식과 채권 투자자들에게 황금기가 찾아올 것이고, 여러 국가에서 금리가 장기간 상당 폭 하락할 것이며, 유례없는 규모의 통화부양책이 있어도 새로운 인플레이션 시대는 열지 못할 것이라고 예측한 권위자들은 그리 많지 않았다.

이번 장에서 나는 고객들과 가진 여러 회의와 대화에서 그들이 내게 꾸준히 물었던 질문들을 소개하고, 세계금융위기 이후 10년 동안 진행되었던 극적인 상황들이 퀄리티 성장투자에 어떤 영향을 미쳤는지 평가해 볼 것이다. 독자 여러분도 이제는 그 답을 추론해낼 수 있겠지만, 이에 대해 간단히 답하자면, 그런 격변기에도 퀄리티 성장투자는 놀랄 정도로 별 영향을 받지 않았다는 것이다. 내가 보기에 퀄리티 성장투자는 어느 모로 봐도 5년, 10년, 혹은 20년 전과 마찬가지로 오늘 현재도 여전히 타당하고 적절한 투자전략이다.

- **퀄리티 성장기업들이 이제 그 정점에 도달한 것은 아닌가?**

이 질문이 퀄리티 성장기업들의 주가와 관련된 것이라면, 나의 대답은 이들 기업은 수익에 정점을 찍을 날이 아직 먼 미래에 있는 전형적으로 듀레이션이 긴 자산long-dureation assets이라는 것이다. 따라서 이들 주식의 인기와 밸류에이션의 정점은 이들의 주가가 역시 전형적으로 듀레이션이 긴 다른 자산, 즉 무위험 국채와 비교해 과대평가되었을 때만 온다. 과대평가된 주가란 시장이 해당 자산의 강한 이익 증가가 향후 너무 오랜 연수에 걸쳐 지속될 것이라고 보고 이를 반영해 주가를 높게 책정하고 있는 상태를 말한다. 이런 일이 과거에는 있었지만, 이 글을 쓰고 있는 현재 시점에서는 전혀 그렇지 않다.

이를 살펴볼 수 있는 한 가지 방법은 전형적인 퀄리티 성장기업의 이익수익률을 10년 혹은 30년 만기 국채수익률과 비교하는 것이다. 이익수익률은 PER의 역이고, 따라서 PER 20인 주식의 이익수익률은 5%다. 같은 이유로, 2%의 수익률을 가진 채권의 PER은 사실상 50이다. 따라서 이 둘의 PER을 비교해도 같은 답이 나오게 되어 있다. 지난 몇 년 동안 퀄리티 성장기업의 PER은 비교대상이 되는 장기국채의 PER보다 훨씬 낮았다.

2019년 중반 현재 세일런 퀄리티 성장펀드의 투자대상 유니버스에 속한 퀄리티 성장기업들의 PER은 평균 26인데 비해, 10년 만기 및 30년 만기 미국 국채의 PER은 각각 50과 40이었다.

그림 7-1 | 30년 만기 국채수익률과 세일런 퀄리티 성장펀드 유니버스의 이익수익률

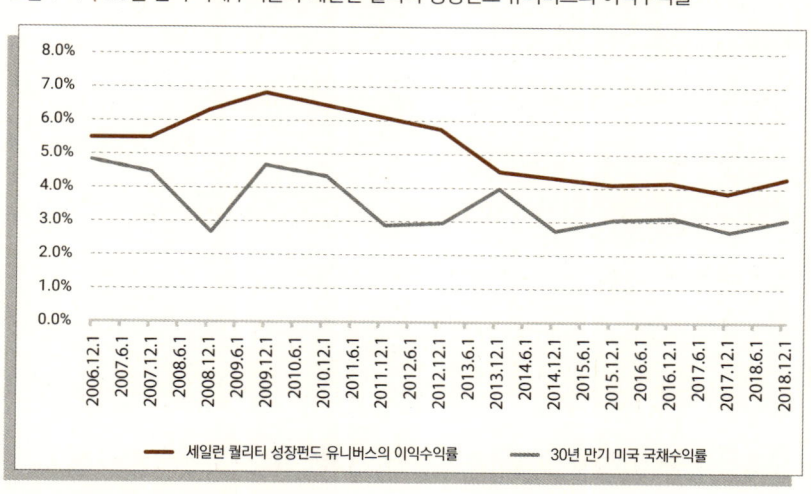

자료: 세일런투자운용, 블룸버그, 팩트셋

따라서 지난 몇 년 동안 시장이 많은 퀄리티 성장기업에 꽤 높은 PER을 부여했고 이들의 이익 증가에 기초해 강한 주가 수익이 있었지만, 하나의 자산으로서 퀄리티 성장기업들은 많은 시장관찰자들이 주장하는 그런 정점에는 전혀 도달하지 않았다.

퀄리티 성장기업들은 채권수익률이 향후 몇 년 동안 추가로 더 상승하는 것으로 확인될 경우, 그래서 퀄리티 성장기업들의 이익수익률과 같아지거나 더 높아질 때 그때 가서야 정점에 도달하게 될 것이다. 그러나 그런 일이 벌어진다면, 이는 퀄리티 성장기업뿐 아니라 모든 기업의 주가에 영향을 미치게 될 것이다. 그리고 퀄리티 성장기업에 대한 엄격한 정의에는 전체적으로 '부채 없는 재무상태'가 포함되기 때문에 채권수익률의 상승이 퀄리티 성장기업에 미치는 충격은 당연히 부채가 많은 기업들보다 덜 할 것이다.

- **그러나 아무리 최고의 퀄리티 성장기업이라 해도 너무 비싸서 더 이상 소유할 가치가 없을 때가 올 수 있지 않은가?**

물론이다. 금리 환경이 매우 양호해서 정기적이고 지속가능한 이익 증가를 기록하고 있는 퀄리티 성장기업들이 지금 인기를 끌고 있다고 해보자. 그러면 니프티 피프티 Nifty Fifties[1] 시대처럼 이들의 PER도 하늘 높이 치솟을 것이다. 그러면 조심해야 한다. 현재의 시장 분위기가 디플레이션 불황 deflationary bust 에 대한 공포에서 디플레이션 호황

---

1 역자 주: 1970년대 초반 초고가로 상승했던 S&P 500의 상위 50대 종목

deflationary boom에 대한 기대로 바뀌면 이런 일이 벌어질 수 있다.

이때는 밸류에이션이 평소보다 더 중요해지는 시점이다. 지금 우리는 그런 시점에서 아직 멀리, 아주 멀리 떨어져 있다. 그리고 향후 몇 년 후에 그런 수준에 도달하게 되면, 우리의 포트폴리오는 이미 막대한 자본차익을 거둔 상태일 것이다. 그러나 그런 일이 절대 벌어지지 않을 것이라고는 결코 장담할 수 없다.

- **세계금융위기 이후 많은 국가에서 채택한 통화정책이 필요한 것이었나? 아니면 과도한 것이었나?**

그런 통화정책은 필요했고, 과도한 것은 아니었다. 2008년 위기가 시작되면서 전체적인 시장 유동성이 거의 사라졌을 때, 주요 중앙은행들은 시장이 실패한 부분에 제대로 개입했다. 그렇게 함으로써 중앙은행들은 리만브라더스 등의 개별적인 파산에도 불구하고 국제금융시스템을 보호하고 보존했다. 그러는 동안 오스트리아 경제학파의 주장처럼 중앙은행이 개입하지 않고 그냥 내버려둬야 하는지, 아니면 위기에서 벗어나기 위해 개입해야 하는지를 놓고 격렬한 논쟁이 있었다. 그런데 전자처럼 행동했다면 대량 파산과 실업이 발생했을 것이다. 다행히 후자처럼 행동했기 때문에 이런 불필요한 참사가 벌어지는 것을 막을 수 있었다.

미국 연방준비은행이 양적완화를 중단하고 자산규모를 줄이기로 결정했을 때, 새롭게 창출했던 자금으로 국채를 매입하던 연방준비은행의 역할은 기관 및 다른 매수자들이 이윤을 낼 수 있는 상태에서 신속히 이어받았고 그럼으로써 금리를 매우 낮은 수준으로 유지시켰다.

그러나 중앙은행들이 전지전능한 것도 아니고 실수를 안 하는 것도 아니다. 중앙은행들의 행동은 만기가 보다 긴 장기 채권시장들의 신호에 기초해야 한다. 이런 시장들이 중앙은행의 통화정책이 '채권수익률 곡선curve'에 앞서는지 아니면 뒤에 있는지 알려줄 때가 있다. 전자는 (상향이든 하향이든) 금리 변경에 중앙은행들이 너무 적극적이거나 너무 빠른 것이고, 후자는 너무 느린 것이다.

- 그렇다면 많은 논평자들이 주장한 것처럼 미국, EU, 일본의 막대한 양적완화가 금리를 인위적으로 낮춘 조치가 아니란 말인가?

그렇다. 그들의 주장을 전혀 믿지 않는다. 더욱이 기업의 투하자본수익률은 여전히 자본비용을 초과하고 있다. 결국엔 중앙은행이 무엇을 해야 할지 알려주는 것은 채권시장이다. 그리고 채권시장에서 최근 진행되고 있는 안전자산으로의 이행은 추가적인 통화완화가 없을 경우 디플레이션 불황이 발생할 수도 있음을 알려주는 신호일 수 있다.

- 10년 만기 국채수익률을 무위험수익률로 사용하는 것이 옳은가?

세계금융위기 이후 무엇이 무위험이고 무엇이 아닌지에 대한 일반적인 관념이 바뀐 것은 분명하다. 적절한 무위험수익률을 결정하는 문제는 양적완화의 형태로 진행된 통화정책의 영향, 그리고 많은 경우에 마이너스 금리라는 수 세대 동안 본 적이 없던 현상을 낳은 단기 및 중기 채권의 가격 변화로 더 어렵게 되었다.

10년 혹은 30년 만기 미국 국채가 가장 대표적인 장기 무위험투자자산이고 미국 정부(혹은 OECD 국가들의 각 정부)에 돈을 빌려주는 것이 가장 안전한 피난처라는 것이 언제나 시장의 일치된 입장이었다. 그러나 투자자들은 지난 25년 동안 OECD 국가들에서 GDP 대비 정부부채 비율이 폭발적으로 늘어났다는 사실을 상기해야 한다. 이들 정부가 이 부채를 어떻게 상환할 것인지 하는 문제는 정치인들 사이에서는 거의 논의되고 있지 않지만 이미 공개적으로 알려진 문제다. 이 문제에 대한 정치인들의 무관심은 '우리 다음엔 어찌되든 말든Après nous le déluge' 식의 무책임한 태도로 보인다.

역사적으로 볼 때 장기 국채에 대한 투자는 무위험투자와 같다는 결론은 '과거에는' 타당한 생각이었지만, 오늘날에는 논쟁의 여지가 있다. 장기 국채가 듀레이션이 긴 자산일 수는 있다. 그러나 숨겨지긴 했지만 리스크가 커지고 있는 자산이다. 이런 리스크는 퀄리티 성장기업에 고유한 리스크와는 비교할 수 없다. 결국, 국채로 베일인bailed in 되는 것(채권 회수불능 상태가 되었을 때 채권보유자가 그 손실을 부담하는 것)보다는 퀄리티 성장기업으로 베일아웃bailed-out 되는 것(퀄리티 성장기업의 도움을 받는 것)이 더 낫다.

국채보유자들이 무위험으로 기대했던 투자자산에 대해 헤어컷haircuts(채권의 손실 부담)을 겪는다는 것은 현재로서는 상상할 수 없는 일이지만, GDP 대비 정부부채 비율의 악화는 그런 헤어컷 시나리오를 전적으로 개연성 있는 것으로 만들고 있다. GDP 대비 정부부채 비율이 악화되면 당연히 정부의 자금 필요성이 급증하고, 그런 자금은 납세자인 채권보유자들에 대한 과세 등을 통해서만 확보할 수 있다. 이 때문에 채권보유자들은 퀄리티 성장기업 투자자들보다 시간의 경과를 더 두려워하게 된다.

AAA 등급의 회사채수익률을 무위험수익률로 사용하는 것이 적절한 때가 있을 수도 있다. 그러나 회사채수익률과 국채수익률의 차이 그리고 채권 형태별 수익률의 차이는 일정한 것이 아니다. 투자분석에 사용할 적절한 무위험수익률은 매년 바뀔 수 있다.

예를 들어 2016년 초 일부 국채가 강세를 보이는 동안 일부 회사채들은 약세를 보였다. 결과적으로 이 당시 장기 국채들은 가장 신용할만한 회사채를 포함한 그 어느 회사채보다 더 신뢰할만한 무위험 벤치마크 자산이 되었다.

- 퀄리티 성장기업의 가치를 평가할 때 할인율 계산을 위해 당신이 사용하는 주식 리스크 프리미엄은 무엇인가?

주식 리스크 프리미엄은 고정적인 것이 아니며, 투자업계의 지속적인 논쟁 주제 중 하나다. 우리가 지금 사용하는 총 할인율은 7.5%인데, 이 할인율은 지난 18개월 동안 그 변동성이 극심했던 무위험수익률이 포함된 것이다.

세계경제가 디플레이션 불황을 피하고 퀄리티 성장기업들이 지금까지처럼 계속 우수한 이익을 낸다면, 퀄리티 성장기업 포트폴리오에 부과하는 주식 리스크 프리미엄은 더 줄어들 수 있다. 그리고 이는 PER이 적절한 수준으로 유지되는 한, 밸류에이션 문제는 최우선순위가 아님을 의미한다.

- **세계금융위기 이후 양적완화와 여타 통화부양책들이 퀄리티 성장기업의 강력한 실적에 얼마나 기여했는가?**

  상당히 기여했다. 세계금융시스템이 붕괴했다면 무사한 기업은 없었을 것이며, 이는 곧 퀄리티 성장기업의 주가를 포함한 모든 주가에 반영되었을 것이다. 여기서 또 한 번 퀄리티 성장투자 유니버스 중 가장 강한 실적을 기록한 것은 부채가 거의 혹은 전혀 없는 기업들이란 사실을 짚고 넘어갈 필요가 있겠다.

  금리상승이 부채가 거의 혹은 전혀 없는 퀄리티 성장기업에 거의 영향을 미치지 않는다면, 금리하락도 이들의 주가에 별 영향을 미치지 않을 것이라는 주장이 논리적으로 가능할 것이다. 그러나 금리가 보다 장기적으로 더 낮아질 것(우리는 이를 '빅롱 Big Long'이라고 한다)으로 전망되는 오늘날의 환경에서 퀄리티 성장기업은 장기 국채 대비 PER 프리미엄을 전혀 누리지 못하고 있으며, 따라서 그 주가는 상대적으로 보호되고 있다.

- **채권수익률은 얼마나 더 낮아지겠는가?**

  낮은 혹은 마이너스 채권수익률이 얼마나 더 낮아질 지에 대해서는 사실 그 제한이 없다고 하겠다. 중요한 문제는 그 수익률이 얼마나 오랫동안 그렇게 낮은 수준에 머무를 것이며, 세계경제에는 어떤 영향을 미칠 것이냐 하는 것이다. 이런 질문에 답하기는 아직 이르다. 너무 많은 돈이 너무 적은 상품이나 서비스를 쫓는다는 전통적인 의미의 인플레이션이 조만간 다시 발생할 것이라는 신호는 거의 없다. 그러나 그런 일이 발생할 것으로 보이면, 채권수익률은 미리 상승하기 시작할 것이다.

- **장기적이 아니라 보다 단기적으로 높은 인플레이션이 발생할 리스크는 없는가?**

　가능은 하겠지만 단기적으로 그 가능성은 낮다. 이와 관련해 중요한 경고는 트럼프의 무역전쟁이다. 무역전쟁이 세계 주요 무역블록 전반에 걸쳐 확대되어 공급체인들을 줄이고, 생산 즉시 유통시키는 JIT 사업모델just-in-time business models에 타격을 가하면, 높은 인플레이션이 발생할 리스크가 증대되는 것은 분명하다. 그러나 이런 시나리오라 해도 자본통제와 외환통제 같은 비관세장벽들이 동반되어야만 사업을 심각하게 방해하고, 기업들을 본국에 묶어두게 될 것이다. 선진국에서 이런 일이 벌어질 가능성은 적어도 단기적으로는 매우 낮다. 따라서 내가 보기에 인플레이션은 당분간 먼 기억 속의 일로 남아 있을 것이다.

- **향후 10년 시장과 퀄리티 성장투자에 최고의 시나리오와 최악의 시나리오는 어떤 것인가?**

　최고의 경우는 금리와 채권수익률이 향후 몇 년간 낮은 수준을 유지하는 것이다. 이는 퀄리티 성장기업들이 지금 누리고 있는 프리미엄을 지켜주면서 전반적인 PER을 지지해 줄 것이다.

　최악의 경우는 마이너스 채권수익률의 결과로 디플레이션 불황이 오는 것이다. 이는 부정적인 피드백 고리를 만들어 내고 주요 금융기관의 디폴트와 채권보유자들의 헤어컷을 유발함으로써, 잠재적으로 보다 약한 채무국들에 영향을 미칠 것이다. 퀄리티 성장기업에 대한 투자가 상대적으로 덜 타격을 받겠지만, 전체 시장은 매우 힘든 시기를 겪을 것이며, 누구도 이를 피해갈 수는 없을 것이다.

● **연기금이 퀄리티 성장투자를 받아들이는 데 매우 더딘 이유는 무엇인가?**

한 가지 예를 들자면, 네덜란드에서 연기금산업은 미래에 지급할 연금부채를 현재부채로 환산하는 데 적용하는 할인율이 매우 낮아서 강하게 항의하고 있는 중이다. 더욱이 어떤 최소 수준 이상의 주식투자까지 금지된 상태라 열악한 연기금들은 주식시장 밖에서 수익률을 추구할 수밖에 없는 상황이다.

연기금들이 주식 투자규모에 제한을 받고 있다는 사실은 이들이 자신의 연금부채를 충당하는 데 필요한 7~8%의 수익을 달성하는 것을, 불가능하지는 않더라도, 어렵게 만들 것이다.

내가 보기에 이에 대한 해결책은 분명하다. 연기금들이 주식에, 특히 우리가 투자하고 있는 그런 종류의 주식에 상당히 더 많이 투자할 수 있어야 하고, 또 그래야 한다. 그것이 우리의 투자철학이기 때문에 이렇게 말하는 것이 아니라, 퀄리티 성장투자 철학이 본질적으로 연기금들, 특히 연금부채가 적은 연기금들에 아주 적합하기 때문에 이렇게 말하는 것이다.

그렇다면 규제당국이 연기금들의 주식투자를 규제하는 이유는 무엇일까? 정확히 말하면 그것은 규제당국이 주가의 잠재적인 변동성 때문에 주식투자를 리스크로 보고 있기 때문이다. 규제당국은 변동성과 리스크를 같은 것처럼 말하고 있는데, 내가 보기에 이는 잘못된 생각이다.

• 유럽연합(유로존)이 살아남을 것이라고 강하게 확신하는 이유는?

지난 60년 동안 유럽연합이 이룩한 성과는 되돌릴 수 없는 것이다. 유럽연합은 산발적으로 발생한 몇 번의 해체 시도에도 불구하고 여러 정치적, 경제적 위기들을 극복하고 살아남았다. 경제 및 통화 연합은 아직 갈 길이 멀고 그 진행속도도 느리지만, 내가 보기엔 돌이킬 수 없는 길이다.

정치적 연합은 난관에 봉착했지만, 미국의 신뢰성이 감소하는 가운데 중국 및 러시아의 도전에 직면한 유럽연합이 위상, 중요성, 세력 측면에서 더 강해져야 할 필요성은 나날이 증대되고 있다. 3억 2,500만 명의 미국인이 4억 5,000만 명의 유럽인을 1억 5,000만 명의 러시아인들로부터 보호한다는 것은 말도 안 되는 것이다. 지금까지 유럽의회European Parliament와 유럽연합 집행위원회European Commission는 사고와 행동에 있어 '상대적으로' 범유럽적pan-European이었다. 유럽연합 회원국 국가 정상이나 정부수반으로 구성된 유럽이사회European Council는 그보다 좀 덜하다. 이들의 경우는 정부 대 정부라는 사고방식이 아직 강한데, 이 때문에 각국의 주권을 유럽연합으로 모으는 과정에 어떤 보이지 않는 장벽에 도달했다. 이런 과정에 다시 불을 붙이는 것이 중요한데, 어떤 식으로든 몸부림치면서 그렇게 할 가능성이 매우 높다.

(언론에 의해 크게 과장되는 경우가 많은) 포퓰리즘적인 움직임에도 불구하고, 브렉시트는 상당한 충격 없이 유럽연합을 탈퇴하는 것이 얼마나 어려운 일인지를 잘 보여주었다. 브렉시트는 도덕적 해이를 방지하기 위한 하나의 청사진이다.

유로존의 경우, 단일 통화는 아직 전반적으로 불완전한 수준인 것은 분명하다. 그러나 단일 통화를 위한 노력은 여전히 진행 중이며, 하나의 금융거래제도, 하나의 유로본드시장, 하나의 자금이체연합을 만들기 위한 모멘텀이 역전되거나 사그라지기보다는 느리게라도 증대될 가능성이 더 많다.

- 퀄리티 투자대상 유니버스에 속한 기업들의 평균 투하자본수익률이 20%라면, 이런 기업에 투자한 투자자들에게 돌아가는 투자수익률이 연간 그리고 장기적으로 20% 정도 될 것이라고 예상할 수 있나?

그렇게 단순하진 않다. 한 주식의 장기적인 기대수익률은 두 요인이 결합되어 결정된다. 하나는 그 기업의 투하자본수익률^{ROIC}이고, 다른 하나는 그 기업의 이익 증가 능력이다. 퀄리티 성장기업 투자자가 창출할 것으로 보통 기대할 수 있는 연 평균 수익률을 구하기 위해서는 이 두 요인이 모두 필요하다.

이론적으로 한 기업의 가중평균자본비용은 그 기업의 장기적인 기대수익률이어야 한다. 경쟁으로 그 기업의 이익이 점진적으로 줄어들기 때문에 그렇다. 그러나 영속적으로(혹은 최소한 아주 장기적으로, 예를 들어 50년 동안) 자본비용을 상회하는 이익 증가를 지속할 수 있는 기업을 찾는다면, 이 기업의 주가 경로는 이익 증가 경로와 같아진다.

연간 10%씩 이익을 증가시키는 기업은 이론적으로 그리고 복리효과에 힘입어 매 7년마다 계속해서 이익이 두 배가 된다. 퀄리티 성장주식들이 창출한 일반적인 수익률은 2006년 이후 연간 대략 9% 정도였다.

투하자본수익률만 가지고는 그 기업의 주가가 어디로 갈지 알 수 없다. 그러나 투하자본수익률을 보면 그 기업의 이익 증가가 지속가능한 것인지 판단할 수 있다. 장기적인 주가 실적을 결정하는 요인은 결국은 이익 증가 수준이다. 이론적으로 살펴본 이런 요인들 말고도 실제로 투자자는 포트폴리오를 운영하는 비용과 (우리도 가끔 그러지만) 이따금 펀드매니저가 실수를 할 가능성도 고려해야 한다.

이와 관련해 나만의 비유가 허락된다면, 강력한 장기 수익률을 창출하는 것은 요리에 필요한 좋은 소프리토 소스를 만드는 것과 같다고 할 수 있다. 기름에 마늘을 볶은 후 몇 가지 재료를 섞어 만드는 이 소스의 필수적인 기본재료는 다른 재료들이 잘 섞이도록 매개 역할을 하는 기름(투하자본수익률)이다. 소프리토 소스의 기름처럼 강력한 투하자본수익률은 기업을 세우고 성장시키는 기초가 된다. 여기서 투하자본수익률은 그런 성장의 지속가능성을 결정하는 핵심 요인이다.

이런 기름이 '딱 맞게' 달궈졌을 때, 우리는 두 번째 핵심 재료인 마늘(이익 증가)을 넣어야 한다. 마늘은 기름에 생명을 불어넣으며, 기름이 더 좋은 성분이 되도록 변화시킨다. 투하자본수익률이 높은 기업은 이익 증가가 필요하며, 이익 증가가 없으면 어떠한 경제적 가치도 추가할 수 없다. 마늘이 없으면 풍미가 없는 것과 같다. 마찬가지로 이익이 증가하는 기업도 시장파워를 유지하고 성장시키기 위해서는 기름과 같은 결합재(투하자본수익률)가 좋아야 한다. 기름 같은 결합재가 없으면 마늘은 서서히 부서지기 때문이다.

8장

최고의 주식을 찾는 투자자가 해야 할 일
Conclusion

    나의 바람은 이 책의 독자들이 '리스크'와 '수익'에 대한 주류이론의 생각이 자본의 장기적인 보전과 증대에 도움이 되지 않는다는 결론을 얻었으면 하는 것이다. 나는 기존의 투자지식에 안주하는 것은 돈을 잃는 것에 대한 우려를 약화시키거나 실제로 돈을 잃는 일이 발생했을 때 이를 합리화하는데 도움이 될 뿐이라는 (그러나 실제로는 어떤 도움도 되지 않는다는) 메시지를 전하고 싶다. 기존의 지식 뒤에 숨는 것은 이를 핑계로 가책을 달래는 데는 도움이 될 수 있겠지만, 이미 발생한 영구적인 자본손실은 되돌릴 수 없다.

    이런 자본이 젊은이의 것이냐, 노인의 것이냐, 미망인의 것이냐, 고아의 것이냐, 아니면 연기금이나 생명보험회사 포트폴리오 같은 정식 기관의 것이냐 하는 것은 중요한 게 아니다. 그 리스크가 누구의 것이냐에 따라 투자의 규칙이 달라지는 것도 아니고, 돈이 든 지갑이 누구의 것이냐에 따라 돈의 가치가 달라지는 것도 아니다. 돈은 그냥 돈일 뿐이다.

짐승의 가죽을 벗기는 데는 여러 방법이 있겠지만, 우리 같은 열정적인 퀄리티 성장투자자들은 진정한 투자법은 하나뿐이라고 믿고 있다. 투자의 성공 여부가 함정들을 피하는 기술에 있다면, 퀄리티 성장투자자는 무엇을 피하고 왜 피해야 하는지 알고 있다. 퀄리티 성장투자자에게는 기업 자체가 때때로 감정적인 주식시장이 결정한 그 기업의 주가보다 중요하다. 주가보다 그 기업을 살펴보는 것이 퀄리티 성장투자자의 최우선 과제다.

주식시장이라는 '꼬리'는 채권시장이라는 '몸통'을 흔들 수 없으며, 자금비용금리은 항상 주가의 최종 결정권자가 되고, 주가에 가장 큰 영향을 미친다. 퀄리티 성장기업에 투자한다고 해서 투자자가 채권시장의 영향에서 벗어날 수 있는 것은 아니다. 그러나 그의 포트폴리오를 지지해 주고 있는 강력한 재무상태라는 요새가 채권시장의 영향력을 줄여주는 한, 퀄리티 성장투자자는 채권시장에 크게 휘둘리지 않는다. 이는 오랜 세월에 걸친 나의 경험이다. 그리고 [표 8-1]과 [그림 8-1]이 이를 증명해주고 있다.

퀄리티 성장기업에 대한 '10대 황금법칙'은 장기적으로 영구적인 자본손실을 피하고, 리스크는 줄이면서, 우수한 수익을 올릴 수 있는 최고의 기회를 제공해주는 투자모형template이다. 퀄리티 성장투자자라면 항상 이 투자모형과 함께 해야 한다.

표 8-1 | 세일런펀드 투자대상 유니버스와 MSCI 선진국지수(총수익지수)의 연 평균 수익률

	5년 기간	10년 기간	2006년 12월 이후
세일런펀드 투자대상 유니버스	연평균 12.4%	연평균 16.5%	연평균 11.0%
MSCI 선진국지수(총수익지수)	연평균 6.6%	연평균 10.7%	연평균 5.3%

자료: 세일런투자운용

그림 8-1 | 세일런펀드 투자대상 유니버스와 MSCI 선진국지수(총수익지수) (단위 : 달러)

자료: 블룸버그, 세일런투자운용

| 감사의 글 |

이 책을 완성하는 데 많은 도움을 주신 분들에게 깊은 감사를 전한다.

핀 인터내셔널Fin International의 이보 포드Ivo Forde는 나의 특별 컨설턴트 역할을 해주었다.

조나단 데이비스Jonathan Davis는 이 책의 추천사를 써주었을 뿐 아니라, 부족한 초고를 개선하는 데 많은 도움을 주었다.

포츠머스대학University of Portsmouth 부교수 폴 모리스Paul Morris 박사는 사례를 어떻게 제시할 지에 대해 유익한 조언을 해주었다.

핍시 세일런Fipsi Seilern은 삽화와 표 작업을 훌륭하게 해주었다.

타실로 세일런-아스팡Tassilo Seilern-Aspang, 마이클 J. 파허티Michael J. Faherty, 페르난도 레온Fernando Leon, 마르코 로 블랑코Marco Lo Blanco, 코랑텡 마생Corentin Massin, 쿠엔틴 맥팔레인Quentin McFarlane은 세일런투자운용의 투자분석가들로 10대 황금법칙에 관한 내용을 정리하는 데 많은 도움을 주었다.

해리만 하우스Harriman House의 마일스 헌트Myles Hunt와 크리스토퍼 파커Christopher Parker는 이 책이 실제로 발간될 수 있도록 처음부터 끝까지 이끌어 주었다.

그리고 내 친구 티머시 시슬리Timothy Sisley는 내가 이 책을 시작하도록 용기를 준 것은 물론, 많은 소중한 조언을 해주었다.

2019년 8월 28일

Only the Best Will Do

● 함께 읽으면 좋은 부크온의 책들 ●

책 제목	지은이
현명한 투자자의 재무제표 읽는 법	벤저민 그레이엄, 스펜서 메레디스
워렌 버핏의 재무제표 활용법	메리 버핏, 데이비스 클라크
앞으로 10년을 지배할 주식투자 트렌드	스콧 필립스
투자공식 끝장내기	정호성, 임동민
고객의 요트는 어디에 있는가	프레드 쉐드
워렌 버핏처럼 열정에 투자하라	제프 베네딕트
주식 가치평가를 위한 작은 책	애스워드 다모다란
안전마진	크리스토퍼 리소길
워렌 버핏처럼 사업보고서 읽는 법	김현준
붐버스톨로지	비크람 만샤라마니
박 회계사의 재무제표 분석법	박동흠
바이오 대박넝쿨	허원
경제적 해자 실전 주식 투자법	헤더 브릴리언트 외
줄루 주식투자법	짐 슬레이터
NEW 워런 버핏처럼 적정주가 구하는 법	이은원
이웃집 워런 버핏, 숙향의 투자 일기	숙향
박 회계사의 사업보고서 분석법	박동흠
워런 버핏만 알고 있는 주식투자의 비밀	메리 버핏, 데이비드 클라크
현명한 투자자의 인문학	로버트 해그스트롬
돈이 불어나는 성장주식 투자법	짐 슬레이터
주식 PER 종목 선정 활용법	키스 앤더슨
워런 버핏의 ROE 활용법	조지프 벨몬트
주식투자자를 위한 재무제표 해결사 V차트	정연빈
투자의 전설 앤서니 볼턴	앤서니 볼턴
적극적 가치투자	비탈리 카스넬슨
워런 버핏의 주식투자 콘서트	워런 버핏
투자의 가치	이건규
워런 버핏처럼 가치평가 시작하는 법	존 프라이스
투자 대가들의 가치평가 활용법	존 프라이스
현명한 투자자의 지표 분석법	고재홍
금융시장으로 간 진화론	앤드류 로
주식고수들이 더 좋아하는 대체투자	조영민